Jaques Buval

Der wahre Hannibal Lecter

JAQUES BUVAL

DER WAHRE
HANNIBAL LECTER

Der Autor

Jaques Buval, 1942 in München geboren, arbeitete lange Jahre als Autor für das Fernsehen. 1996 erhielt er den Autoren-Fernsehpreis. Seit zehn Jahren verfasst er Bücher über die Serienmörder unserer Zeit. Sein Buch »Der Kannibalenclan« erschien 2001 im Weltbild Verlag.

Impressum

Es ist nicht gestattet, Abbildungen und Texte dieses Buches zu digitalisieren, auf PCs oder CDs zu speichern oder auf PCs/Computern zu verändern oder einzeln oder zusammen mit anderen Bildvorlagen/Texten zu manipulieren, es sei denn mit schriftlicher Genehmigung des Verlages.

Weltbild Buchverlag −Originalausgaben−
© 2001 Verlagsgruppe Weltbild GmbH,
Steinerne Furt 67, 86167 Augsburg
6. Auflage 2004
Alle Rechte vorbehalten

Projektleitung: Dr. Ulrike Strerath-Bolz
Redaktion: Dr. Thomas Rosky
Umschlaggestaltung: Anke Kiederle
Umschlagfoto: Szene aus dem Film »Das Schweigen der Lämmer«,
mit freundlicher Genehmigung des Deutschen Fernsehdienstes,
defd-pwe-Verlag, Hamburg
Innenlayout: Uhl + Massopust, Aalen
Satz: Anke Kiederle
Druck und Bindung: GGP Media GmbH, Karl-Marx-Straße 24,
07381 Pößneck
Gedruckt auf chlorfrei gebleichtem Papier

Printed in Germany

ISBN 3-89604-551-2

Mein besonderer Dank gilt

KARIN FÖRSTER,

den BILD-Redaktionen in London
und Hamburg,

der TIMES

sowie den Justizbeamten der Strafanstalten
Großbritanniens,
die mich bei meinen Recherchen
unterstützt haben.

INHALT

Maudsley schreibt am 26. Dezember 2000:

*... nein, Jaques, mein Wunsch wäre es, meine
komplette Lebensstrafe vollständig abzubüßen, und dann,
wenn ES gestorben ist, dass mein äußerer
Leib und meine Person vollständig vergessen werden.
Ich möchte am allerwenigsten, dass
irgendetwas von meinem Leben in Erinnerung bleibt ...*

Vorwort

Geschichten über Mörder lassen leicht vergessen, dass seit Kain und Abel das Töten von Menschen als allzu menschlich gilt. Aber keineswegs werden Mord und Totschlag immer mit einhelligem Abscheu betrachtet. Heute verabscheuen wir es als Mord, wenn aus niedrigen Beweggründen unter Ausnutzung der Wehrlosigkeit des Opfers getötet wurde. Wenn der Täter aber im Auftrag einer Regierung handelte und unter Befehl stand, fragt man nicht nach dem Motiv. Auch das Ziel einer Luft-Boden-Rakete bezeichnet man nicht als wehrlos. Krieg ist Krieg und eben etwas ganz anderes. Auch so unvergleichbare Täter wie die Mordgesellen der Heiligen Inquisition, der Kolonialherren, der KZ-Kommandos, der afrikanischen Tutsi oder Hutu oder anderer ethnischer Säuberungskommandos − sie alle töteten und töten keineswegs »neutral« und ohne Beweggrund. Nur ganz selten allerdings und meist erst Jahrzehnte später interessiert sich ein Gericht dafür, ob diese Beweggründe vielleicht »niedrig« waren oder nicht. Die »Lizenz zum Töten« schützt vor dem Mordvorwurf.

Der allerdings wird in unseren Tagen auch von hohen Würdenträgern erhoben, wenn es um Sterbehilfe oder Abtreibung geht. Aber sie schweigen zur Todesstrafe, die auch heute noch in hochzivilisierten Gesellschaften vollzogen wird, und sie schweigen zum Krieg. Das Problem der Moralexperten liegt eben darin, dass sie sich nicht mit Regierungen und Staaten anlegen möchten, die ohne die Option zu töten nicht überlebensfähig zu sein glauben. So hat sich eine Mehrheit darauf geeinigt, das alttestamentarische »Du sollst nicht töten!« unter von ihnen selber scharfsinnig bestimmten Umständen für ungültig zu erklären. Sie beanspruchen damit ein Privileg, das auch jeder Mörder für

9

sich reklamieren könnte. Und jeder gefasste Täter reklamiert es tatsächlich vor Gericht, vor Gutachtern und Journalisten auf seine Weise.

Wer aus europäischen Gerichtsakten oder Zeitungsberichten ein Tötungsdelikt nachzuzeichnen versucht, der gerät sehr bald in einen Strudel von Mitleid und Furcht erweckenden Einzelheiten. Denn Gutachter, Verteidiger und nicht zuletzt der Gerichtsreporter müssen alles daran setzen, die Tat zu »erklären«.

Jaques Buval hat mit einfühlender Phantasie ein Bild der Tat und des Täters komponiert, wie es die Zeitzeugen wohl vor sich gesehen haben. Aus Armut, Gewalterfahrung, sexuellem Missbrauch, Drogen und Ekel wächst da eine Gestalt heran, deren Taten bizarr und abstoßend sind. Die Logik dieses Bildes ist indessen die Logik der Prozessbeteiligten, die nach Schuld und Erklärung suchten. Es ist nicht die Logik des Tötens.

Diese Logik nämlich beruht wie jedes Sozialverhalten auf dem Prinzip des Lernens. Deswegen richtet sich die erste Frage des Kriminologen, der nicht beurteilen, sondern der Wahrheit nahe kommen will, auf den eigentlichen Tötungsvorgang. Man braucht Erfahrung, Kenntnisse und körperliches Geschick, um einen Menschen töten zu können. Wo und durch wen lernte Maudsley, ein Lebewesen durch Fußtritte wehrlos zu machen und dann seinen Kopf auf dem Fußboden zu zerschmettern? Wann und wie lernte er zu würgen? Gibt es einen Zusammenhang zwischen der oft kolportierten Geschichte aus den Kolonien, nach der vornehme Herren aus dem geöffneten Schädel lebender Affen das Gehirn löffeln, und dem Versuch, von dem Gehirn seines letzten Opfers zu essen?

Mit bloßer Kraft oder heftiger Emotion lässt sich keines-

10

wegs ein Handlungsablauf erklären, der wie hier sehr viel Wissen und einige Übung voraussetzt. Die zweite Frage gilt dann dem Auslöser der Tat, die sich mit dem »Willen« zu töten in keinem Fall erklären lässt. Wie kam der Täter dazu, auf diese Weise zu »strafen«, zu »rächen«, sich zu »schützen« oder die »Bilanz« wiederherstellen zu wollen? Worin bestand der subjektive Taterfolg? Auch diese Lerngeschichte, so zeigt die wissenschaftliche Betrachtung, hat ihre Ursprünge und Entwicklungsphasen, ihre Lehrer und Verstärker.

Zu all dem können Täter aber meist nur Recherchehinweise liefern, da ihr Gedächtnis durch die intensiven Eindrücke aus Vernehmungen, Verteidigergesprächen, durch Rechtfertigungsnot und Fremdkommentare kaum mehr Verwertbares beitragen kann.

Nach längerer Haftzeit entwickeln verurteilte Täter meist auch eine Art »Bekenntnissprache«, deren Vokabular sie aus dem Gespräch mit Rechtsbeistand, Psychologen, Sozialarbeitern und Geistlichen entnehmen. Damit verblüffen sie regelmäßig in Korrespondenzen und bei Besuchsterminen, da ihre Äußerungen dann die Tat als etwas geradezu Wesensfremdes erscheinen lassen. Tatsächlich handelt es sich dabei sehr selten um List oder Verstellung, sondern um die Auswirkung der menschlichen Begabung, sich über die Sprache dem Überlegenen annähern und anpassen zu können. Wo Reue und Schaudern über die eigene Tat erwartet werden, wird dann mehr und mehr auch Reue und Schaudern geäußert und schließlich sogar »echt« empfunden. Dies führt nicht selten zu der Vermutung, der Täter habe sich gebessert. Darauf folgt meist die Lockerung der Haft oder gar die Entlassung.

Tatsächlich gründet die Gefährlichkeit eines Täters aber nicht in seinem ohnehin nicht fassbaren »Charakter« oder im unbestimmbaren »Seelischen«. Seine Gefährlichkeit liegt allein in seinem Handlungswissen und seiner Tötungserfahrung, so tief er diese auch verdrängt haben mag. Da nicht zu verhindern ist, dass er in Freiheit wieder in vergleichbare Situationen mit Personen gerät, deren Verhalten dem seiner bisherigen Opfer ähnelt, ist eine Wiederholung des Tatmusters eben wahrscheinlich – nicht anders als beim ehemaligen Nahkämpfer, der eines Tages in großer subjektiver Bedrängnis zur vertrauten Waffe greift. Aber auch hinter Gefängnismauern droht die Wiederholungstat, wenn der Täter – wie im Falle Maudsley – Mitgefangenen ausgesetzt wird, die in Art und Auftreten dem früheren Opfer ähneln. Seine Verurteilung als Täter mit homosexuellem Hintergrund ließ es nach der Logik der Gefängnisverwaltung richtig erscheinen, ihn zusammen mit anderen Sexualstraftätern einzuschließen. Dies kostete das Leben von drei Gefangenen. Denn Töten ist allzu menschlich.

Dipl. Psych. Georg M. Sieber
Münchner Polizei- und Kriminalpsychologe

▌ Das Schweigen der Lämmer

Doktor Hannibal Lecter, ein Menschen fressender Psychiater, ist die Hauptfigur in zwei bekannten Horrorfilmen. Der Serienkiller ist ein Gourmet der Extraklasse und ein Akademiker von ungewöhnlichem Intellekt. Genüsslich verspeist er, mit der Attitüde eines Gentlemans, in feinsten Zwirn gekleidet, die blutige Leber eines Menschen. Saubohnen und eine gute Flasche Chianti runden sein perfides Mahl ab. Johann Sebastian Bachs »Goldberg-Variationen« dienen ihm als stimmungsvolle Begleitmusik an seiner einsamen Tafel des Grauens.

Das Gehirn eines anderen Opfers, in Kapernsoße exzellent zubereitet, wird zur »Götterspeise«, zum ultimativen Grusel dieses Kannibalen. Natürlich wird es frisch am Tisch angerichtet; mit Christofle-Tafel-Silberbesteck verspeist er es, während das Opfer noch lebt. Dazu genießt er seine heiß geliebten weißen Trüffeln. Während er seine schneeweiße Seidenserviette zum Mund führt, ersinnt er bereits sein nächstes Vergnügen. Sein monströses Tableau des Schreckens kennt keine Grenzen.

Eines seiner überlebenden Opfer sinnt auf Rache. Auf einem exklusiven Landsitz vegetiert er dahin, ein schwerreicher Industrieller namens Mason Verger. Dr. Lecter warf ihn einst blutrünstigen Hunden vor. Er ließ sie gezielt »nur« seinen Kopf attackieren. Die abgerichteten Bestien verstümmelten ihn, sie bissen ihm seine Lippen, seine Nase und das Lid eines Auges ab. Dann brach ihm das Menschen fressende Ungeheuer höchstpersönlich die Wirbelsäule. Seither sitzt Verger im Rollstuhl.

Er denkt an nichts anderes als Vergeltung. Mason Vergers Hass gegen Dr. Lecter ist ins Unermessliche gewachsen.

Er schwört, die Gräueltat seines Peinigers zu überbieten. Er lässt männliche Schweine, ausgewachsene Eber mit besonders langen Hauern, speziell dafür abrichten und macht sie zu Werkzeugen seiner blutrünstigen Rache.

In seinen Träumen sieht er ihn schon winseln, diesen feinen Dr. Lecter. Gefesselt, gedemütigt in seiner männlichen Identität, mit kotbesudelten Kalbsstricken vorgeführt. Schreiend und flehend, vergeblich um sein Leben kämpfend, bevor er in den Schweinestall geworfen wird. Seine Augen blitzen vor Genugtuung, als er sich vorstellt, wie die laut quiekenden Tiere Dr. Lecter die Gedärme aus dem Leib reißen und das Blut lecken, das aus seinen Adern quillt.

Noch sind es nur Träume, Fiktionen eines gequälten Individuums. Mason Verger wird noch keine Gelegenheit haben, sich an seinem einstigen Peiniger zu rächen. Denn Dr. Lecter sitzt inzwischen im Hochsicherheitstrakt eines amerikanischen Gefängnisses.

Man setzt die angehende FBI-Agentin Clarice Starling auf den Serienmörder Dr. Lecter an. Der hochintelligente Psychiater soll sie auf die Spur von Buffalo Bill, einem gesuchten, mehrfachen Frauenmörder führen. Lecter soll sie vertraut machen mit der Gedankenwelt eines Serienmörders, damit sie die Logik seiner Taten verstehen lernt und ihn fassen kann. Für die junge Frau beginnt ein riskantes Spiel. Jeder glaubt, dass ein Entrinnen des Dr. Lecter nicht mehr möglich ist. Die Wärter fürchten den psychopathischen, hochgradig gefährlichen Serienkiller. Sie haben ihn in einen Käfig gesperrt und ihm eine Ledermaske über das Gesicht gezogen, denn sie fürchten, dass er seinen Mund als letzte verbliebene Waffe einsetzen könnte. Doch sie unterschätzen ihn immer noch.

14

In seiner Zelle fertigt er eine Kreuzigungsuhr. Als Zeiger dienen ihm die Arme eines toten Wärters. Er hat nur ein Ziel: Er will seinen Häschern entkommen. Mit einer Flucht, die ihm gebührend erscheint.

Anthony Hopkins spielt den Dr. Lecter in dem oscarprämierten Meisterwerk »Das Schweigen der Lämmer«, einem Horrorthriller, der in »Hannibal« seine Fortsetzung erfahren hat. Beide Filme basieren auf Büchern von Thomas Harris.

Von der Realität eingeholt

Kaum ist »Hannibal« in den Kinos angelaufen, schreibt die internationale Presse:

»HANNIBAL LECTER – ER LEBT – SO SIEHT ER WIRKLICH AUS ...«

Neben dem Furcht erregenden Bild von Anthony Hopkins als Dr. Lecter mit Ledermaske sieht man das Foto eines 46-jährigen Mannes aus England.

Die BBC, die englische TIMES und die deutsche BILD wissen zu berichten, was Journalisten in mühevoller Kleinarbeit recherchiert haben. Doktor Hannibal Lecter ist Wirklichkeit geworden.

Auszüge aus der Veröffentlichung der BILD vom 22. Februar 2000: »Erst nach zwölf Jahren schnitten ihm schwer bewaffnete Wachmänner die Haare. Vorher traute sich keiner so dicht an den Gefangenen heran. Der 46-jährige Engländer ist der echte Hannibal Lecter, der Kannibale aus dem Film ›Das Schweigen der Lämmer‹. Er spaltete einem Mithäftling den Schädel und aß sein Gehirn mit einem Löffel. Ähnlich wie die Romanfigur gilt er, der so harmlos und weich aussieht, als hochintelligent und als ein geborener Killer. Mit zwanzig beging er seinen ersten

15

Mord: In London erwürgte er einen Jungen. In der Jugendstrafanstalt überfiel er grundlos einen Mitpatienten und erdrosselte ihn fast. Einem anderen Häftling rammte er einen Löffel ins Ohr. 1997 folterten er und ein Zellenkumpan einen Häftling neun Stunden lang, bevor sie ihn erwürgten. Dann kam er ins Hochsicherheitsgefängnis Wakefield, wo ihn sogar die IRA-Killer fürchten.«

Ganz Großbritannien schreckt auf, als er einer Journalistin der ehrwürdigen TIMES schreibt: »Ich habe in den letzten Jahren viel Post von Leuten bekommen, die den Film ›Das Schweigen der Lämmer‹ gesehen haben und glauben, das wäre ein Porträt meiner Lebensgeschichte ... Sollen sie doch glauben, was sie wollen ... Sind wir nicht alle Produkte unserer Umwelt? Sie, Fräulein ... und ich? ... Die Wakefield-Gefängnisbehörde sieht mich als Problem. Sie löst das Problem, indem sie mich lebendig begräbt ... Was für ein Ziel steckt dahinter, wenn man mich 23 Stunden am Tag wegsperrt? ... Für wen soll ich jetzt ein Risiko sein? Ich habe doch nur Vergewaltiger und Pädophile umgebracht.«

»Dear Jaques« – der Beginn seines ersten Briefes erschreckt. Man weiß, den Brief hat er unter Aufsicht der Wärter geschrieben. Zum Schreiben durfte er nur die Mine eines Kugelschreibers verwenden, denn die Aufseher hatten Angst vor dieser Kreatur. In schnörkeliger Handschrift schreibt er nieder, wie er heute über seine Taten denkt und was die Nachwelt über sein Leben und die Beweggründe seiner Morde erfahren soll.«

Immer wieder verlangt der in strengster Isolationshaft sitzende Täter: »Schenkt mir einen Wellensittich. Warum kann ich keinen Wellensittich statt der Fliegen, Kakerlaken und Spinnen haben? Schenkt mir einen! Ich verspreche, ihn zu lieben – und ihn nicht zu essen.«

Dieser Wunsch wird ihm nicht erfüllt. Seine Tage werden vom Hass geschürt gegen die einzigen Menschen, denen er in seinem Leben noch begegnet. Verbittert droht er: »Muss ich erst einen Wärter töten, damit man mich erhört?« Wie Doktor Hannibal Lecter liebt er klassische Musik, doch selbst das Hören von Musik wird ihm nicht genehmigt. Wiederholt wird seine Bitte von der Gefängnisleitung abgewiesen.

Eine angesehene englische Zeitung berichtet: »Die Taten dieses Mannes sind so unvorstellbar und grauenhaft, dass man sie nicht wiedergeben möchte. Wie kein anderer Täter in der Geschichte Großbritanniens ist er ständig davon besessen, zu verletzen und zu töten. Der Regisseur des Filmes ›Das Schweigen der Lämmer‹ hätte sicher seine Freude an der Lebensgeschichte dieses Mannes. Man versucht, diesen Fall nicht an die Öffentlichkeit gelangen zu lassen. Sicher zu Recht.«

In seinem Brief vom 26. Dezember 2000 schreibt er: »Du musst dir beim Schreiben deiner Bücher im Klaren darüber sein, Jaques, dass die nächste Generation der Serienkiller von dem Kaliber der Amerikaner J. Dahmer und T. Bundy oder der Engländer D. Nielson und P. Sutcliffe trauigerweise noch arbeiten, wie man so sagt, und dass es nur vom Zeitpunkt ihrer Entdeckung abhängt, wann sie der Öffentlichkeit vorgeführt werden. Ich glaube nicht daran, dass irgendein Buch über mehrfache Mörder, vergangene oder derzeitige, zufällig gelesen von gerade arbeitenden Mördern, den Funken Demut und Menschlichkeit in ihnen entzünden kann, der sie mit dem Menschenschlachten oder der Zerstörung aufhören lässt oder sie ermutigt, sich ihrer Gefangennahme und der daraus folgenden Inhaftierung auszuliefern. Es kann sein, dass du mit dem oben Erwähnten nicht übereinstimmst. Das ist dein unwiderrufliches Recht, Jaques. Und meine eigene Überzeugung, die ich oben zum Ausdruck gebracht habe, ist nicht unveränderbar oder fixiert. Ich betrachte mich als einen durchschnittlichen Menschen. Jemand mit einer größeren Intelligenz oder Erfahrung kann folglich meine Überzeugung ändern, wenn er einen anderen Blickwinkel zum Ausdruck bringt ...«

»Der leibhaftige Satan«

25 Jahre strengste Isolationshaft hat er bereits verbüßt. Er lebt in einem »Käfig« ohne Fenster. Die Einrichtung ist aus Pappe. Man will dem Monster nicht mehr die kleinste Möglichkeit geben, hinter diesen Mauern Gewalt anwenden zu können, gegen wen auch immer. Man ist sich sicher, er würde keine Gelegenheit auslassen.

Aus dem einst verspotteten, lispelnden jungen Mann ist ein schreibgewandter und bibelfester Häftling geworden. Jedes seiner Worte ist überlegt und klug gewählt, wie all seine Briefe beweisen.

»Er ist ein Ungeheuer ohnegleichen, er ist nicht einzuschätzen«, beschreibt ihn ein Gefangenenwärter aus der Strafanstalt Wakefield, dem Gefängnis mit dem härtesten Strafvollzug, den England zu bieten hat. »Unheimliche Angst erfüllt einen, wenn man nur die Klappe an seiner Zellentür öffnen muss. Er strahlt eine Aura des Schreckens aus. Man weiß, dieser Mensch ist zu allem fähig. In seinen Augen kann man die Lust zu töten sehen. Ich möchte nicht viel über ihn sagen, aber ich bin davon überzeugt, in ihm wohnt der Teufel.«

Nach einer kurzen Pause fährt er fort. Fast beschwörend gibt er zu verstehen: »Er ist der leibhaftige Satan. Tausende Gefangene habe ich in meiner langen Dienstzeit kommen und gehen sehen. Mörder, ja auch Serientäter. Aber unter all diesen war keiner wie er.«

Dies ist die ungekürzte Meinung eines von hunderten Gefängnisangestellten der Strafanstalt, in der »der wahre Hannibal Lecter« verwahrt wird.

Und dieser Gefangene wird wohl nie mehr das Licht der Freiheit erblicken dürfen. Wie selten ein Täter dieses Kalibers hat er sich damit abgefunden, dass man ihn nach Jahrzehnten in einem Sarg innerhalb der Gefängnismauern »verscharren« wird. Er ist erst 47 Jahre alt, hat fast sein ganzes Leben in Heimen und Gefängnissen verbracht. Er war ständig einem Wechselbad der Gefühle ausgesetzt. Er blickte voll Freude in die Augen der Menschen, die er getötet hat.

Er droht, in Kürze einen Wärter zu töten, wenn er keine besseren Haftbedingungen erhält. Und er wünscht sich einen Wellensittich. Wenn ihm dieser Wunsch nicht erfüllt wird, will er sich das Leben nehmen, so hat er es zumindest angekündigt. Man ist sich bei der Gefängnisleitung sicher, seine Taten könnten eine Fortsetzung erleben – so wie »Das Schweigen der Lämmer«.

Englands harter Strafvollzug

Ein erster warmer Regentropfen rinnt langsam an dem
Zweig herab. Die Natur erwacht, aber das weiße, fast jung-
fräulich anmutende Kleid des Frostes aus der vergangenen
Nacht lässt ein Verweilen nicht zu. Noch will sich die Kälte
des langen Winters der wohligen Wärme der neuen Jahreszeit nicht ergeben. Stößt sie zurück wie einen unliebsamen Gast.

Bedächtig und still versuchen die ersten Sonnenstrahlen
den geheimnisvoll wirkenden Nebel zu verabschieden, der
das Land beherrscht. Die Melancholie weicht erst allmählich aus den Gemütern der Menschen. Der Frühling hält
Einzug auf der königlichen Insel. Doch nicht in der
maroden, altertümlichen Strafanstalt in Wakefield, nur
wenige Kilometer von Leeds entfernt.

Unheimliche Stille umgibt diesen von einer meterhohen
Backsteinmauer eingegrenzten Ort, der Gefühle der Angst
und des Schreckens aufkommen lässt. Die unzähligen kleinen Fenster, wie Waben eng aneinander gereiht, lassen den
Betrachter nur erahnen, wie viele Menschen sich in diesem Haus befinden. Man kann sie förmlich spüren, die
Enge der Räume und die Qual der Gefangenen, die hier ihr
Leben verbringen. Dieser alte, verwitterte Kasten flößt
Furcht ein, und doch kommt auch Neugierde in einem auf,
was und wer sich wohl dahinter verbergen mag. Welche
ungeahnten Schicksale und welch unvorstellbare verbrecherische Energie mag dieses Haus beherbergen?

Jeder weiß, hier verbüßen nicht der kleine Dieb oder
der gutaussehende Gentleman, der die reichen einsamen
Ladys um ihr Erspartes gebracht hat, ihre Strafe. Hier
sitzen die schweren Jungs Großbritanniens, und die weitaus meisten sind zu lebenslänglicher Haft verurteilt.

Manche Fenster sind sogar mit Glasbausteinen zugemauert. Die Häftlinge, die sich hinter diesen Fenstern befinden, sitzen in völliger Isolationshaft. Sie sind sogar aus der Gemeinschaft der Mithäftlinge ausgeschlossen. Selbst die Sicht auf die nur wenige Meter entfernte Natur ist ihnen verwehrt. Ihre Zukunft sind die acht Quadratmeter Einsamkeit. Sie sind Tag für Tag völlig allein mit sich. Lauthals schreien sie dem Besucher, der über den Gefängnishof streift, zu: »Schreib es nur alles auf. Uns hört sowieso niemand mehr zu. Sollen wir unsere Sprache verlieren, dahinvegetieren wie Mastvieh, 23 Stunden am Tag, bis an unser Lebensende? Warum bringen sie uns nicht gleich um, diese Menschen schindenden Schlüsseldreher?«

»Das wäre auch besser so, denn dann würden sie den Staat nicht mehr so viel Geld kosten. Der Staat könnte mit diesem eingesparten Geld viel mehr soziale Einrichtungen unterstützen«, erklärt ein alter Wärter und fährt fort: »Sie dürfen leben, haben zu essen und zu trinken. Sie haben ein Dach über dem Kopf. Ihre Opfer sind längst vergessen.« Die Anstalt in Wakefield ist gefürchtet und verrufen. Der Strafvollzug gilt bei den Inhaftierten als geradezu unmenschlich. Dass hier kein Mensch, auch wenn er nur ein paar Jahre zu verbüßen hat, lebenstüchtig gemacht werden kann, zeigt die Rückfallquote derer, die nach einigen Jahren entlassen wurden. Viele behaupten, hier wird lediglich Hass gegen die Gesellschaft gesät, sonst nichts.

Englands Strafvollzug hat Tradition

Der Strafvollzug in Großbritannien lässt sich zurückverfolgen bis zum Jahre 1776. Rechtskräftig Verurteilte wurden zum Großteil auf Galeerenschiffe (so genannte »hulks«) gebracht und in den Unterdecks zu Ruderarbeiten gezwungen. Viele starben an Überanstrengung, an Unterernährung oder fielen einer Seuche zum Opfer. Die katastrophalen hygienischen Zustände unter Deck trugen ihren Teil dazu bei. Wer die weiten Überfahrten, teils bis nach Amerika, nicht überlebte, wurde wie Küchenabfall über Bord geworfen. Wer Glück hatte, durfte in den völlig verwahrlosten und überbelegten Gefängnissen an Land sein Leben fristen. In den uralten Katakomben der Festungen warteten sie auf ihren Prozess oder auf ihren Tod. Mit Ketten wurden sie an den feuchten Mauern befestigt. Lediglich ein paar Halme Stroh dienten als Schlafstelle.

Erst nach dem Ende des Unabhängigkeitskrieges begann man über die Unterbringung von Gefangenen nachzudenken. Noch immer verschiffte man pro Jahr bis zu 70 000 Mann, Arme und Füße an Eisenketten gefesselt, auf den Galeerenschiffen.

Ab 1850 hatte die örtliche Justiz, durch die jeweiligen Innenminister ermächtigt, das Sagen. Eine Verwaltung der Gefangenen wurde gegründet. Man bildete entsprechende Kommissionen und setzte zuständige Inspektoren ein. Gefangenenschiffe wurden nur noch auf der Themse verwendet und der Bau verschiedener Einrichtungen zur Unterbringung von Strafgefangenen beschlossen.

Noch immer waren sie für vogelfrei erklärt und hatten keinerlei Rechte, doch man begann, sich auf die von Sir Robert Peel schon 1820 vorgeschlagenen Standards für Gefängnisse zu besinnen. Daraufhin erbaute man 54 Gefängnisse mit über 11 000 Einzelzellen, die von eingesetzten Inspektoren überwacht wurden. Der verantwortliche Sir Edmund du Crane ordnete an, dass 53 der 113 veralteten Anstalten wegen der menschenunwürdigen Haftbedingungen geschlossen wurden.

Die Einzelhaft sollte der Abschreckung und Läuterung dienen. Du Cranes Überzeugung lautete: »Der Gefangene kann, ganz allein in seiner Zelle, eher die Fehler seiner strafbaren Handlung erkennen.«

So wurden Haftbedingungen geschaffen, die der Delinquent nicht vergessen sollte. In den ersten Wochen der Haft musste der Gefangene auf einer Holzplanke schlafen und war Tag und Nacht allein in seiner Zelle. Bewährte er sich, durfte er in einer Tretmühle arbeiten, entweder in seiner Zelle oder in einem anderen Raum zusammen mit anderen Gefangenen. Das Sprechen während der Arbeit war strikt untersagt. Das Tragen von einheitlicher Anstaltskleidung war Vorschrift. Briefe und Besuche waren zunächst verboten. Erst nach drei Monaten lockerten sich die Bedingungen, und der Gefangene durfte alle drei Monate Besuch erhalten. Allerdings durfte der Häftling seinen Besuch nicht ansehen, sondern musste ihn mit dem Gesicht zur Wand empfangen.

Gefangene, die eine mehr als dreijährige Haftstrafe zu verbüßen hatten und sich während ihres Gefängnisaufenthaltes tadellos verhielten, konnten von nun an darauf hoffen, ein Viertel ihrer Haftzeit erlassen zu bekommen. Ausgenommen von diesen Vergünstigungen waren allerdings Schwerverbrecher.

Im Jahre 1895 setzte mit dem »Gladstone Report« ein erneutes Umdenken bei den Verantwortlichen der Strafanstalten ein. Das zu erreichende Ziel war nun nicht mehr die Abschreckung, sondern auch die charakterliche Besserung der Gefangenen. Die verhassten Tretmühlen wurden abgeschafft. In Gemeinschaftsräumen erhielt ein Großteil der Häftlinge Arbeit unter menschenwürdigen Bedingungen. Die Häftlinge wurden medizinisch versorgt, durften sich Bücher ausleihen und sogar an Weiterbildungskursen teilnehmen. Jugendhaftanstalten für Gefangene bis zum Alter von 23 Jahren wurden gebaut. Deren Haftzeit durfte jedoch nicht länger als drei Jahre sein. Um das Jahr 1900 erhielten ausgewählte Gruppen von straffällig gewordenen Jugendlichen sogar die Möglichkeit, auf Kosten der Anstalt eine spezielle, längerfristige Ausbildung zu absolvieren.

Reformen im 20. Jahrhundert

Die als Peterson-Ära bekannte Epoche brachte weitere Reformen, ausgelöst durch die Vielzahl an Beschwerden von Kriegsgefangenen aus dem Ersten Weltkrieg, die in den Gefängnissen untergebracht worden waren. Das obligatorische Kahlscheren der Haare und die Sträflingskleidung wurden nach und nach abgeschafft. Es wurden Hygienebedingungen geschaffen, die annähernd der Genfer Konvention für Menschenrechte entsprachen. Die tägliche Arbeitszeit wurde auf sieben Stunden festgelegt. Die Verordnung, nach der nur Gefangene, die mehr als vier Jahre einzusitzen hatten, rauchen durften, wurde allmählich aufgehoben.

Die Diensthabenden der Jugendstrafanstalten trugen keine Uniformen mehr. Sogar der Kontakt zwischen Wärtern und Gefangenen war nun erwünscht. Sommercamps wurden eingeführt und zahlreiche Jugendarrestanstalten eröffnet. In einer der härtesten Strafanstalten des Landes, in Wakefield, durften Erwachsene 1936 zum ersten Mal unter offenen Bedingungen im New Hall Camp schlafen. Da das auch in der Bevölkerung nicht auf Kritik stieß, wurde dieses Angebot beibehalten.

Während des Zweiten Weltkrieges kam es durch den Zustrom von Kriegsgefangenen zu erheblichen Problemen. Eine fortgesetzte personelle Unterbesetzung stand nun einer unvorstellbaren Überbelegung der Gefängnisse gegenüber. Bis zu 15 Personen wurden in eine Zelle gepfercht, die eigentlich für zwei bis drei Insassen vorgesehen war. Betten in der benötigten Anzahl waren nicht vorhanden. Es kam zu brutalen handgreiflichen Auseinandersetzungen zwischen den Kriegsgefangenen und den eigentlichen Sträflingen. Der Unmut begann zu eskalieren. Lebenslängliche, die nichts zu verlieren hatten, ließen die Ausländer spüren, wer Herr im Hause war. Die überforderten Beamten wagten sich kaum noch in die Gefängnisgänge. Auch sie mussten um ihr Leben bangen. So zogen sie es vor, bei vielen der zum Teil tödlich endenden Vorfälle wegzusehen. Meist waren die abgemagerten Kriegsgefangenen die Unterlegenen bei diesen Auseinandersetzungen. In ihren Sterbeurkunden stand dann irgendeine erfundene Krankheit.

Als die letzten Kriegsgefangenen die Zellen verlassen hatten, begann man in England erneut an hafterleichternden Maßnahmen zu arbeiten. Geplant wurde u.a. ein Verbot von Strafdiensten sowie die allgemeine Schulung von jungen Straffälligen. Maßnahmen zur Vorbeugung von Straftaten wurden beschlossen. Arrest und Untersuchungshaft wurden eingeführt. Nun gestattete man auch Erwachsenen einen generellen Hofgang.

In Wakefield wurde ein Ausbildungscenter für das Gefängnispersonal eingerichtet. Psychologen und Spezialisten wurden zur Betreuung der Gefangenen herangezogen. Das Essen durfte nun gemeinsam in Speisesälen eingenommen werden.

Die Reform der Strafpraxis im Hinblick auf eine sich ändernde Gesellschaft begann im Jahre 1959. Ziel war es, so viele straffällig gewordene Menschen wie möglich vor einem Rückfall in die Kriminalität zu bewahren. Jugendliche, die sich leichter Vergehen schuldig gemacht hatten, wurden nicht in Gefängnissen, sondern in speziellen Heimen untergebracht. Das Personal wurde von nun an stärker in die Pflicht genommen.

1963 wurde eine Sonderunterbringung für geistig kranke Straftäter geschaffen. Man hatte erkannt, welchen Gefahren »Kinderschänder und Frauenmörder« in den Strafanstalten ausgesetzt waren. Man tat alles, um diese Menschen so gut wie möglich zu schützen.

Das geschah sehr zum Ärger der Bevölkerung, die wenig Verständnis hatte, dass für die Sicherheit dieser Menschen Millionen von Steuergeldern ausgegeben wurden. Viele glaubten, die hohen Ausgaben dienten allein dazu, den Tätern ein angenehmes Leben zu ermöglichen. Natürlich trug auch die Presse ihren Teil zu dieser Meinungsbildung bei.

1966 flüchtete der Spion George Blake aus dem Wormwood-Scrubs-Gefängnis. Dadurch erlitten die Reformen einen herben Rückschlag. Die Bevölkerung des Landes und die Verantwortlichen stellten nun alle neuen Gefängnissysteme in Frage. Als Folge wurden bisher gewährte Freizügigkeiten enorm eingeschränkt. Fast alle Gefängnishöfe wurden von nun an mit Kameras überwacht. Scharfe Wachhunde wurden – vor allem nachts – eingesetzt. Viele der ehemals genehmigten Kontakte zur Außenwelt waren nicht mehr möglich. Für besonders gefährliche Gefangene wurden spezielle Sicherheitsbedingungen in den Zellen eingeführt. Viele der Häftlinge mit hohen Haftstrafen brachte man auf die als ausbruchsicher geltende Isle of Wight.

Erst in den 70er Jahren – nach mehreren Häftlingsrevolten und Aufständen – sollten sich die Reformen wieder durchsetzen. In die Gefängnisse wurde nun kräftig investiert. In speziellen Kursen konnten sich die Häftlinge auf die Zeit nach der Haft, auf das Überleben »da draußen« vorbereiten. Ferner schuf man ein breites Spektrum an Sportmöglichkeiten, man förderte die Behebung des Analphabetismus und die soziale Arbeit.

1979 kam ein Untersuchungsausschuss zu der Erkenntnis, dass das Personal mehrerer Gefängnisse unzulänglich ausgebildet sei und dementsprechend schlecht arbeite. Eine bessere Ausbildung des Personals sowie eine Neuorganisation der Verwaltung wurde beschlossen. Man begann mit einer konsequent durchgeführten Resozialisierung, die den Häftling schrittweise auf die Entlassung und die Zeit danach vorbereitete. Pädagogische Maßnahmen sollten die Wiedereingliederung in die Gesellschaft erleichtern. Dass dies jedoch nur begrenzt möglich sein würde, erkannte man sehr bald. Gegen die Einflüsse der Gefängniskultur anzusteuern erwies sich als äußerst schwierig; die Verrohung der meisten Häftlinge war einfach zu groß.

▌ Robert Johns Kindheit

Menschenunwürdig scheinen auf den ersten Blick die Vollzugsregeln des wegen vierfachen Mordes verurteilten Täters mit der Gefangenennummer 467637 in der englischen Strafanstalt Wakefield.

Die Figur, die der Schriftsteller Thomas Harris erfand, deren Verbrechen und Leben im Gefängnis er minutiös beschrieb, ähnelt diesem Täter auf beklemmende Weise. Er ist es, den die Journalisten als den »wahren Hannibal Lecter« bezeichneten.

Im Folgenden wird die wahre, auf Tatsachen beruhende Geschichte eines Mannes erzählt, der zum Auswuchs des Unvorstellbaren wurde. Vor über 25 Jahren wurde über seinen ersten Mord in allen Zeitungen Großbritanniens in großer Aufmachung berichtet. Dieser Mord ist in der Öffentlichkeit längst vergessen. Doch noch immer verbüßt er im Hochsicherheitsgefängnis in Wakefield seine Strafe. Sein Name: Robert John Maudsley.

Am 26. Juni 1953 wird Robert John in Liverpool geboren. Er ist eines von zwölf Kindern der Familie Maudsley. Der Vater Robert, ein LKW-Fahrer, ist Alkoholiker. Die Mutter Jean ist überfordert in allen Bereichen des Lebens. Das wenige Geld, das der Familie zur Verfügung steht, vertrinkt das Familienoberhaupt in den benachbarten Kneipen. An den Lohnzahltagen wartet die Mutter regelmäßig im Hof des Betriebes, in dem er arbeitet, um zumindest etwas von dem Geld abzubekommen. Doch meist kommt er seiner Frau zuvor. Vorsorglich stellt er seinen LKW in einer Seitenstraße ab. Er nimmt einen Hinterausgang und zieht noch am selben Tag von einem Lokal zum anderen. Das Geld, das an diesen Tagen noch übrig bleibt, deponiert er bei den Wirten. So ist der Nachschub an Alkohol für einige Zeit gesichert. Es geschieht sehr oft, dass die Familie an den Zahltagen leer ausgeht. Dass seine Ehefrau schon seit langem nicht mehr im Lebensmittelladen an der Ecke bezahlen kann, interessiert Robert Maudsley wenig. Wenn die Mutter seiner Kinder ihm deswegen Vorhaltungen macht, verprügelt er sie.

Die katastrophalen Zustände im Hause der Familie Maudsley und die zunehmende Verwahrlosung der Kinder bleiben auch den Nachbarn nicht verborgen. Sie verständigen das Jugendamt. Das Leben der Familie Maudsley wird aktenkundig.

Im Jugendamt gelangt man schnell zu der Überzeugung, einschreiten zu müssen. Zu haarsträubend sind die Vorwürfe der Nachbarschaft, als dass ein unverzügliches Vorgehen nicht gerechtfertigt wäre.

Im März 1955 – Robert John ist zu diesem Zeitpunkt 21 Monate alt – klingeln zwei Mitarbeiter des Jugendamtes an der Tür des Familienhauses. Die Beamten sind erschüttert, als sie die Verwahrlosung des Haushaltes und die ungenügende Versorgung und Unterbringung der Kleinkinder sehen.

Überall liegt Dreck und Unrat. Viele Wände sind mit dem Kot der Kinder verschmiert. Die Küche gleicht einer Müllhalde. Unzählige verschimmelte Essensreste quellen aus den verdreckten Töpfen und Pfannen. Die Kinder sind in einem hilflosen Zustand – der Willkür ihrer Eltern ausgeliefert.

Mit Hilfe der alarmierten Polizei bringt man Robert, zwei seiner Brüder und seine ältere Schwester Brenda in ein Heim. In den damals gefertigten Protokollen des Jugendamtes ist als Begründung für diese Maßnahme »Verwahrlosung« genannt.

30

Die Eltern sind nicht allzu sehr verwundert, dass man ihre Familie auseinander reißt und vier ihrer Kinder in staatliche Obhut nimmt. Gleichgültig sehen sie zu, wie man ihre Kinder aus dem Hause holt.

Das »Nazareth House« in Crosby Liverpool – eigentlich für Waisenkinder erbaut – wird für die vier Kinder zum Neubeginn eines menschenwürdigen Lebens.

Nach einigen Jahren entschließt sich die Heimleitung dazu, die Maudsley-Kinder in regelmäßigen Abständen für einige Wochen in ihre Ursprungsfamilie zurückzubringen, damit der Kontakt zur Familie nicht verloren geht.

Doch Robert John Maudsley wird auch weiterhin vernachlässigt und schlecht behandelt. Sein Vater lässt nun keine Gelegenheit mehr aus, seinen Sohn seelisch und körperlich zu demütigen und zu misshandeln. Fast täglich malträtiert er ihn. Häufig sperrt er das kleine Kind tagelang in eine winzige Kammer, allein, ohne Spielsachen, nur sich selbst überlassen.

Aber damit nicht genug. Mit sieben Jahren wird der Junge zum Liebesdiener seines eigenen Vaters, der ihn nun zum ersten Mal vergewaltigt. Ein Mann, der 12 Kinder gezeugt hat, erniedrigt eines seiner Kinder, das nie mehr in seinem Leben damit fertig werden wird, auf grauenhafteste Weise. Es kann nicht allein der Alkohol sein, der ihn zu diesen Taten verleitet. Er ist einer krankhaften Abartigkeit verfallen, deren Konsequenzen ihn nicht interessieren. Dieses Kind ist sein Eigentum, denkt er, und so kann er damit machen, was er will. Robert John wird diese unglaubliche Erniedrigung nie mehr vergessen können.

Wer irgendwann einmal Frauen oder Mädchen kennen gelernt hat, die von ihren Vätern oder Stiefvätern vergewaltigt wurden, weiß, dass diese Menschen nicht nur gedemütigt wurden: Ihr Leben wurde zerstört. Viele von ihnen sind kaum mehr lebensfähig, ihr ganzes Leben ein einziger Horror.

Auch Robert John Maudsley erging es so. Als Kleinkind konnte er noch nicht erkennen, was da mit ihm geschah und warum er leiden musste. Das Streicheln seiner Mutter tat nicht weh, war zärtlich und angenehm. Warum dann die Liebe seines Vaters nicht?

Alle diese Menschen, die man Serienkiller nennt, klagen über eines: über ihre Kindheit. Nur wenige von ihnen sind in geordneten Familienverhältnissen aufgewachsen. Die weitaus meisten von ihnen wurden körperlich und seelisch missbraucht.

Das Heimpersonal erinnert sich

Die Ordensschwester Barbara, die heute noch im Nazareth House im Londoner Stadtteil Hammersmith arbeitet, erinnert sich sehr gut an Robert John Maudsley: »Ich hielt ihn nie für schwierig oder schrecklich. Er verhielt sich auf jeden Fall wohlerzogener als viele andere der mir anvertrauten Kinder. Ich habe Robert niemals als lästig oder unangenehm empfunden. Er machte auch keinen geisteskranken Eindruck auf mich. Er hat sich besser benommen als viele der anderen 90 Kinder im Heim. Ich kannte viel schlechtere Jungen, denen man damals schon eine verbrecherische Zukunft hätte voraussagen können. Robert gehörte nicht dazu, so viel ist sicher.«

Eine andere Ordensschwester – nennen wir sie Elizabeth – kam oft in Kontakt mit den Maudsley-Kindern, vor allem, wenn sie im Speiseraum arbeitete. Sie sagt über diese Zeit: »Ich hatte keine Ahnung, welchem Ärger die Kinder zu Hause ausgesetzt waren. Ich kann mich erinnern, dass Robert sehr unter dieser Trennung gelitten hat. Mehr als seine Geschwister. Ich bin sehr traurig, heute zu hören, was aus ihm geworden ist. Ich hoffe, er bekommt Hilfe. Sagen Sie ihm meine besten Wünsche, und sagen Sie ihm auch, ich werde für ihn beten.« Weiter erinnert sie sich: »Die Maudsley-Kinder wurden ungewöhnlich selten von ihren Eltern besucht. Sie haben darunter sehr gelitten. Oft fragten sie uns, wann ihre Mutter sie denn endlich wieder besuchen käme. Doch eine Antwort konnten wir ihnen nie geben.«

Nach dem Aufenthalt im Nazareth House bringt man die Kinder im Juni 1962 in die Kinderabteilung des »Liverpool City Council«, wo sie unter der Obhut von Frau Eileen Holgate stehen. Robert ist nun acht Jahre alt.

»Gelegentlich durften sie ihre Eltern besuchen«, weiß die Heimleiterin heute zu berichten und fügt hinzu: »Diese Besuche wurden zeitlich immer mehr ausgedehnt. Wir versuchten eben, die Kinder wieder in die Familie zu integrieren. Wir wollten nicht, dass sie den Kontakt zu ihrer Familie verlieren. Doch hätte ich gewusst, was Robert John bei diesen Aufenthalten widerfuhr, hätte ich die Erlaubnis wohl niemals erteilt, wie Sie sich vorstellen können.«

Leider stellte sich erst viele Jahre später heraus, was Robert in all der Zeit hatte erleiden müssen. Welche Schuld trifft die Behörden, die Heimleitungen und das Jugendamt, die all dies nicht bemerkten? Hätten sie nicht etwas merken müssen? Aber wie, wenn Robert stumm blieb und sich schämte, über die Vorfälle zu reden?

Robert John war den brutalen Attacken seines Vaters wehrlos ausgesetzt. Es ist nicht schwer für einen erwachsenen Mann, einen heranwachsenden Jungen zu quälen und zu misshandeln. Und die Mutter schaute untätig zu. Es ist nicht anzunehmen, dass sie nichts bemerkt hat. Aber woher soll eine Mutter von 12 Kindern, die selbst fast täglich geschlagen und gedemütigt wurde, auch die Kraft nehmen, ihre Kinder vor den Attacken eines blindwütigen Unholdes zu schützen? Welche Chance hatte sie, diese unerträgliche Situation zu ändern?

Wer kann den künftigen Lebensweg eines solchen Kindes erahnen? Wer kann ergründen, was in ihm vorgeht und was es noch von der Welt erwartet?

Jahre später sagt Robert John Maudsley in einer Gerichtsverhandlung über diese Zeit: »... Es sind die dauernden Schläge und das wochenlange Eingesperrtsein in einem kleinen Raum. Mein Vater öffnete die Tür des versperrten Zimmers nur, um mich vier bis sechs Mal am Tag mit Stöcken oder Ruten zu verprügeln. Einmal hat er mir sogar ein Gewehr über den Rücken geschlagen.«

Als ein Richter ihn fragt: »Ist es richtig, dass Sie von Ihrem Vater vergewaltigt wurden?«, antwortet er: »Ja, sehr oft. Mehr möchte ich dazu nicht sagen. Ich glaube, durch ihn bin ich auf die schiefe Bahn geraten.«

Schnell fügt er hinzu: »Ich habe nur Interesse an Frauen und Mädchen gehabt, Männer waren mir zuwider. Später empfand ich unheimlichen Hass gegen meinen Vater. Ich hasste ihn dafür, dass er in mich eindrang, meinen Körper und mich als Jungen zerstörte. Immer wenn ich mit meinen Freunden spielte, glaubte ich, sie würden mir ansehen, was mein Vater mit mir tat. Und ich schämte mich sehr.«

34

▌Der Beginn einer kriminellen Karriere

Robert John Maudsleys kriminelle Karriere beginnt in einem Alter, in dem junge Burschen nach hübschen Mädchen Ausschau halten und sich für Fußball und Motorräder interessieren. Doch Robert ist anders. Dass ihn seine Mutter kaum beachtet und ihm niemals wirkliche Aufmerksamkeit schenkt, erscheint fast wie ein Zeichen seines persönlichen Unterganges.

Es dauert nicht lang, und er verabschiedet sich für immer in die Klauen der Kriminalität. Sein Leben beginnt in einem andauernden Rauschzustand zu verschwimmen. Längst ist er in schlechte Gesellschaft geraten. Die Kontrolle über sein Leben, sie scheint ihm zu entgleiten. Gerade einmal 16 Jahre alt ist Robert, als er zum ersten Mal auf der Anklagebank sitzt. Das Gericht in Liverpool verurteilt ihn zu einer Jugendstrafe. Die Anklage lautet: »Einbruch und Diebstahl.«

Ziellos reist er durch die Lande. Seinem Elternhaus ist er längst entflohen, gedemütigt und mit Minderwertigkeitskomplexen überladen. Er versucht Arbeit zu finden. Doch welcher Arbeitgeber stellt schon einen vorbestraften Jugendlichen ein? Gelegentlich bekommt er einen Job an einer Tankstelle – meist wird er für die Nachtschicht eingeteilt. Er muss die Scheiben unzähliger Fahrzeuge reinigen und bekommt fast keinen Lohn. Man nutzt seine Situation aus, sieht in ihm eine billige Hilfskraft und speist ihn mit ein paar Pfund ab. Schnell hat er genug von dieser Ausbeuterei und verwahrlost vollends. In seinen zerlumpten Kleidern, seinem ganzen Besitz, stromert er von Stadt zu Stadt. Per Anhalter reist er durch die Gegend, doch schon bald will ihn kein Fahrer mehr mitnehmen. Man fürchtet sich vor diesem verwahrlosten Burschen, einem heruntergekommenen Riesen mit seinen inzwischen 1,89 m und mit seinen Bärenkräften.

Hunger und Durst sind die unliebsamen Begleiter auf seiner Reise nach Nirgendwo. Längst sind die Schuhe durchgelaufen, seine Jacke und Hose zerschlissen. Unrasiert und ungewaschen hebt er seinen Daumen den vorbeifahrenden Fahrzeugen entgegen.

Doch anstatt anzuhalten und diese Jammergestalt mitzunehmen, geben die Fahrer Gas. Sie betrachten noch einmal den seltsamen Anhalter im Rückspiegel, schütteln den Kopf und setzen ihre Fahrt schleunigst fort. Robert flucht den Fahrzeugen hinterher und versucht, zu Fuß die nächste Stadt zu erreichen. Manchmal darf er sich auf die Ladefläche eines Traktors setzen und wenigstens für einige Kilometer seine Beine ausruhen.

Erst ein LKW-Fahrer, der ihn eine größere Strecke mitnimmt, redet ihm zu: »Junge, so kommst du nie voran. Du musst dich waschen, rasieren und vor allem bessere Kleidung tragen. Dann ist das Trampen kein Problem. Ich bin in meiner Jugend viel getrampt, und ich kam immer voran. Aber so wie du rumläufst, nimmt dich doch keiner mit – außer einem so alten Haudegen, wie ich es bin. Da muss man ja Angst haben, Läuse und Flöhe zu bekommen, wenn man dich so ansieht.«

»Ja, werde ich tun«, antwortet Robert artig, als er den Wagen verlässt.

Er zieht durch dunkle Gassen und übernachtet in baufälligen Baracken, menschenleeren Unterführungen und Bahnhöfen. Er streicht ziellos umher, stets auf der Suche nach einer Bleibe. Dieses Leben treibt ihn geradezu in die Kriminalität. Der arme und sozial instabile Mensch wird zum Außenseiter der Gesellschaft. Instinktiv spürt er die Ungerechtigkeit der Welt, fühlt sich als Verlierer einer gigantischen Lebenslotterie. Er ist eine Niete, ein Loser.

Resigniert und erschrocken versucht er diesem Teufelskreis zu entkommen. Manchmal steht er mit großen Augen vor einer schummrigen Kaschemme und wünscht sich nichts mehr, als sich wenigstens einmal ein Bier leisten zu können. Doch er hat längst erkannt, dass er nicht einmal in diesen heruntergekommenen Kneipen ein Glas Bier bekommen würde.

Unüberbrückbar ist die Kluft zwischen ihm und den anderen und grölende Jugendliche, die seinen Weg kreuzen, verspotten ihn. Rastlos versucht er, diesen Attacken zu entgehen.

Als Robert den großen Bahnhof der Stadt betritt, herrscht längst keine Hektik mehr. Fast menschenleer ist die riesige Halle. Bildhübsche Mädchen lächeln verheißungsvoll von den Plakatwänden und werben für Fernreisen in alle Welt. Robert freut sich darauf, sich hier wenigstens ein bisschen aufwärmen zu können. In dem großen Wartesaal im Seitenflügel fällt er nicht auf. Die Obdachlosen und Penner der Stadt haben zu dieser vorgerückten Stunde den Saal in Besitz genommen, den einzigen öffentlich zugänglichen Raum, der in dieser kalten Jahreszeit geheizt wird.

»Bist wohl neu hier?«, spricht ihn ein etwa gleichaltriger Mann mit feuerroten Haaren an.

Robert betrachtet ihn von oben bis unten und wundert sich. Dieser junge Mann passt so gar nicht in das Bild der hier Versammelten. Er macht einen gepflegten Eindruck mit seiner ordentlichen Kleidung und den modisch geschnittenen Haaren.

»Ja, erst vor einer Stunde angekommen«, ist seine kurze Antwort.

»Wohl von zu Hause abgehauen?«

»Nein, ich bin unterwegs und will mir das Land ansehen.«

»Da kommst du aber nicht sehr weit, so wie du aussiehst«, stellt Glenn, wie er sich nennt, unverblümt fest.

»Was soll ich machen, ich habe kein Geld, kann mir keine neue Kleidung kaufen. Weißt du denn, wo ich mir ein paar Pfund verdienen kann?«

Natürlich weiß Glenn, wie man Geld verdienen kann. Er treibt sich seit Jahren nur in diesem Bahnhof herum und hat stets genügend Geld, um einigermaßen gut über die Runden zu kommen.

»Mach es wie ich. Nimm den alten geilen Säcken das Geld ab. Die wollen ein wenig Vergnügen und zahlen gut. Du bist doch auch noch jung, die stehen doch nur auf junge Kerle. Außerdem bist du neu für sie, darauf stehen sie besonders«, klärt ihn Glenn auf. »Du bedienst ein paar Herren, und wenn du genügend Geld zusammen hast, kaufst du dir Klamotten und pflegst dich ein wenig. Dann zahlen sie noch viel mehr. Ich helfe dir schon, brauchst keine Angst zu haben. Na, stell dich nicht so an, das ist dasselbe, was wir als Buben gemacht haben. Du nimmst seinen ... na du weißt schon ... in die Hand und besorgst es ihm. Er hat seine Freude, und du hast Geld. Vor denen brauchst du keine Angst haben, das sind doch alles Weicheier.«

»Aber ich steh' doch auf Mädchen«, wendet Robert kurz ein; die Sache ist ihm unheimlich.

Auch auf diese Frage hat Glenn eine passende Antwort parat: »Wenn du genügend Geld hast, bekommst du auch Mädchen. Glaubst du vielleicht, *ich* bin schwul?«

Prostitution und Drogen

Glenn braucht Robert nicht lange zu überreden. Schon bald bekommt er seine erste Lehrstunde und wundert sich, wie leicht man hier zu Geld kommt.

Das Geschäft für Robert läuft gut, denn Glenn kennt fast jeden dieser Kunden persönlich. Robert hat sich schnell eingearbeitet und trotz seines schäbigen Outfits in nur drei Tagen genug Geld verdient, um sich neue Klamotten kaufen zu können. Voller Freude zeigt Robert seinem neuen Freund, wie viele Pfund er schon verdient hat. Wie schwer es ihm gefallen ist, diesen Männern einen sexuellen Gefallen zu tun, versucht er Glenn nicht zu verschweigen.

Was Robert nicht wissen kann: dass nun die Stunde des hilfsbereiten Freundes gekommen ist. Robert hat nicht bemerkt, dass sein Freund Glenn schon lange nicht mehr selbst auf den Strich geht, sondern stattdessen solchen gestrandeten Typen, wie er es nun einmal ist, in den Bahnhöfen auflauerte.

»Keine Angst, diese Probleme hatte ich anfangs auch«, versucht Glenn zu beschwichtigen. »Du musst das ganz cool sehen. Ein paar kleine Hilfsmittel, und deine Sorgen lösen sich in Luft auf.«

»Und wie soll das funktionieren?«, will Robert wissen.

»Komm, ich zeig' es dir. Du bist doch mein Freund, und dass ich meinen Freunden helfe, habe ich dir doch bewiesen – oder?« Diese zusätzliche Bemerkung von Glenn verfehlt ihre Wirkung nicht.

Glenn und Robert haben in einem kaum benutzten Seitengang des Bahnhofes einen Platz gefunden, wo sie niemand stören kann. Robert ist gespannt, womit ihn Glenn überraschen möchte.

Robert hat sich die Hemdsärmel, wie es ihm sein Freund vorgemacht hat, hochgekrempelt und seinen Oberarm mit einem breiten Band abgebunden. Noch immer sieht Robert seinen Freund ungläubig an und versteht den Sinn des Ganzen nicht. Erst als Glenn eine Spritze aus der Jackentasche hervorholt und sie aufzieht, kapiert er endlich, was sein vermeintlicher Freund unter Hilfe versteht.

Glenn benötigt keine Überredungskünste. Robert setzt sich mithilfe seines Freundes den ersten Heroinschuss, und er erlebt in kurzer Zeit Himmel und Hölle. Noch ist sein Körper nicht an das Gift gewöhnt und reagiert ungewöhnlich heftig.

Nach nur kurzer Zeit erkennt Robert, dass ihn sein Freund nicht belogen hat – alles ist plötzlich easy und cool.

Die Ernüchterung

Stunden später erwacht er allein auf den schmutzigen Treppen des Bahnhofes. Das viele Geld – die Einnahmen der letzten drei Tage – ist nicht mehr in seiner Tasche, der Traum von vornehmer Kleidung ausgeträumt. Langsam wird er wieder Herr seiner Sinne, und er beschließt, wieder anschaffen zu gehen. Zu leicht war das Geld verdient gewesen, als dass er damit aufhören könnte. So sieht man ihn schon nach kurzer Zeit erneut in den Bahnhofspissoirs herumlungern.

Es dauert nur wenige Stunden, und er hat wieder Geld in der Tasche. Aber es hat sich auch ein neuer Gast in seinem Gehirn eingenistet, den er nicht mehr loswerden soll. Die eine Injektion hat ihre Wirkung nicht verfehlt, was auch sein guter Freund Glenn mit Wohlwollen feststellt.

Robert hat ihn den ganzen Tag nicht gesehen. Nun – am Abend, als Robert erneut zu Geld gekommen ist – ist er wieder zur Stelle. Glenn muss nicht viel sagen. Seine Erfahrung hat sich wieder einmal bestätigt. Robert hat nur einen Wunsch: »Ich möchte wieder cool sein.«

Über Wochen dasselbe Spiel. Nur Roberts Einnahmen werden immer weniger. Längst haben ihn die Freier ausgemustert. Auch Glenn besucht ihn nur noch selten. Roberts Umsätze sind zu gering für ihn geworden.

Robert zieht in eine neue Stadt

Robert ist wieder völlig auf sich allein gestellt. Er beschließt, in eine andere Stadt zu ziehen. Doch diesmal will er es cleverer anstellen und genug Geld verdienen, um gut davon leben zu können. Unruhig und nervös steht er am Fahrkartenschalter und löst ein Ticket in die nächstgelegene Stadt.

Der Zug ist kaum angefahren, da wird Robert plötzlich speiübel, und er bekommt Schüttelfrost. Er darf jetzt nicht die Kontrolle über sich verlieren. Er bemüht sich, seine immer zittriger werdenden Hände ruhig zu halten.

Der Bummelzug, der die Städte verbindet, ist um diese Zeit überfüllt. Verzweifelt versucht Robert, einen Platz zu ergattern. Er weiß, er muss sich setzen, um Ruhe zu finden und seinen Körper wieder unter Kontrolle zu bekommen. Er zittert am ganzen Leib, und seine Hände gehorchen ihm nicht mehr. Endlich entdeckt er in einem Abteil einen freien Platz und setzt sich. Erschreckt und verängstigt stehen die anderen Fahrgäste auf und verlassen das Abteil.

Doch Robert bemerkt von alldem nichts. Er ist viel zu beschäftigt mit sich selbst. Die Zuschauer, die ihn vom Gang aus beobachten, nimmt er nicht wahr.

Der Zug verlangsamt das Tempo. Eine freundliche Stimme kündigt die nächste Haltestelle an. Wie in Trance steht Robert von seinem Platz auf und sucht einen Weg zum Ausgang.

Auch in der neuen Stadt treibt er sich schon bald in den öffentlichen Toiletten und Parks herum. Doch er hat nun keinen Glenn mehr, der ihn managt und die Preise bestimmt.

Die Homosexuellen nutzen das aus und fertigen ihn nach getaner Arbeit mit nur ein paar Pfund ab.

Er ist unzufrieden mit seiner Entlohnung, und schon bald rächt er sich an diesen »schwulen Parasiten, diesem Abschaum der Menschheit«, wie er später einmal sagt. Er beginnt sie zu bedrohen, und sie bekommen Angst. Nun kassiert er ab. Manchmal ist es die ganze Barschaft dieser Männer, die in seiner Hosentasche verschwindet. Doch solche Machenschaften sprechen sich in diesen Kreisen schnell herum, und so bleibt Robert nur die ständige Flucht in andere Städte.

Er sieht seine Chance nun gekommen und ist auf der Suche nach noch wohlhabenderen Männern, die er auf der Isle of Man, der Steueroase der reichen Geschäftsleute, zu finden hofft. Doch die Insel ist klein und seine Angst vor der Polizei groß. Mittlerweile ist er sogar bereit, den Männern zu geben, wozu ihn sein Vater schon als Kind benutzte.

Immer größer wird der Abscheu, den Robert diesen Männern gegenüber empfindet. Es ekelt ihn geradezu an, wozu er sich hergibt, doch er braucht das Geld dringend.

»Ich nahm sehr harte Drogen in dieser Zeit, sonst hätte ich dieses Leben nicht ertragen können. Die Drogen halfen mir, das alles vergessen zu können«, erinnert er sich später im Prozess.

Immer enger zieht sich der Kreis des Unausweichlichen. Immer größer wird sein Verlangen nach Drogen. Die Venen der Arme und Beine sind zerstochen, und sein Körper verfällt zusehends. In diesem Zustand wollen langsam auch die Freier nichts mehr von ihm wissen. Sie bekommen Angst vor ansteckenden Krankheiten und ekeln sich vor seinen unzähligen eitrigen Ausschlägen.

So zieht es ihn wieder in sein heiß geliebtes London. Diese

Millionenstadt hat es ihm angetan. Hier lässt es sich unauffälliger leben als in den kleinen Provinzstädtchen. Man wird weniger von der Polizei behelligt. Hier pulsiert das Leben, und es ist leichter, an billigen Stoff zu kommen. Guten und reinen Stoff kann er sich schon längst nicht mehr leisten.

So vergehen weitere fünf Jahre in Armut. Robert Maudsley hat sich in seinem Leben als männliche Prostituierte und als Drogenabhängiger eingerichtet. Er nimmt eine innere, kaum mehr menschlich zu nennende Witterung auf, wie ein Raubtier auf der Suche nach Beute. Er will es allen heimzahlen, die ihn verlachten und verspotteten. Bestärkt durch die Kraft der Droge will er eindringen in eine Welt, die für ihn Gerechtigkeit und Vergeltung bedeutet.

Doch es gibt auch Tage, an denen Robert Maudsley traurig und nachdenklich wird. Oft sitzt er über Stunden wie regungslos auf einer Parkbank. Es sind Tage wie der Geburtstag seiner Mutter.

Robert Maudsley hat nicht das Geld, um seiner Mutter Geschenke kaufen zu können. Anrufen kann er sie auch nicht, denn sie hat kein Telefon. Er wollte ihr Worte der Liebe übermitteln, die er sich den ganzen langen Tag zusammenreimte. Doch niemals hörte sie, was ihr Sohn ihr sagen wollte.

▌ Robert Maudsleys erster Mord

Ein älterer grauhaariger Herr, Mitte sechzig, staunt nicht schlecht, als er bei seinem geliebten Spaziergang durch den Park ein gekrümmtes, in sich zusammengesunkenes Bündel Mensch an einem Baum findet. Der Mann hält sein Gegenüber zunächst für tot, doch schnell stellt er fest, dass dieses Etwas da vor ihm nur völlig apathisch und unansprechbar ist. Er lässt seinen Fund in ein Krankenhaus bringen. Dort merkt man sofort, dass es sich bei dem Patienten um einen Junkie auf Entzug handelt – ein unberechenbares Opfer seiner Sucht. Man versucht ihn mit Psychopharmaka ruhig zu stellen, bindet ihn am Bett fest. Doch seine Kraft ist unbändig, also spritzt man ihm noch stärkere Medikamente.

Resigniert und erschrocken stellen die Ärzte in den nächsten Tagen fest, dass sie mit diesem Monster von einem Menschen nicht fertig werden. Sie überstellen ihren Patienten an eine psychiatrische Klinik. Er nennt dieses Haus später nur »die Irrenanstalt«.

Der plötzliche Entzug macht ihn fast wahnsinnig. Die kommenden Tage sind ein Wechselspiel von schweren Halluzinationen, Anfällen von Selbstmitleid und unvorstellbaren körperlichen Schmerzen. Mit einer Zwangsjacke hält man die Kräfte dieses Riesen in Schach. Doch für den Geist gibt es keine Zwangsjacke, außer Medikamenten, die sein Körper aber nicht behält.

Erst nach Wochen kehrt Ruhe ein in das Leben des Robert Maudsley, und die Ärzte glauben, ihn als geheilt entlassen zu können. Man stellt ihn vor das große Tor des Instituts, ohne Geld und ohne Zukunft. Das Haus, das die Psyche eines Kranken doch zumindest stabilisieren soll, verlässt er ebenso verwahrlost, wie er es betreten hat. Seine dunklen Augen sehen wieder die Freiheit, doch sie finden keinen Halt.

Niemand hat seinen Hilfeschrei gehört, niemand hat es verstanden, in seine zerstörte Seele zu blicken. Man entlässt ihn, und er begreift, dass er frei ist. Die tiefe Kluft, die finstere Schlucht, die sich vor ihm öffnet und ihn für immer verschlingen wird, sieht er jedoch nicht. In diesem Augenblick des vollkommenen Glücks, als er die Welt wieder offen vor seinen Füßen liegen sieht, hat er, ohne es zu wissen, den Kampf gegen die körperlichen und mentalen Folgen des Entzugs bereits verloren.

Die Einfalt seines Geistes sucht Ruhe, doch er findet sie nicht. Er sucht nach Geborgenheit, nach Liebe, doch auch diese Mächte entziehen sich ihm. Er will nur noch vergessen. Sein Herz schlägt schnell bei dem Gedanken an die nächste Spritze, die ihn beruhigen wird.

Unstet zieht er durch die Straßen, wehrt sich nicht gegen den Wunsch, dessen Erfüllung seiner gequälten Seele wenigstens für kurze Zeit Frieden verspricht. Nur wenige Minuten nach dem Betreten einer Männertoilette ist der Deal besiegelt. Schon ein paar Stunden nach seiner Entlassung wird er rückfällig. Milliarden rosa und pinkfarbene Ameisen tanzen einen himmlischen Reigen vor seinen Augen. Bunte Träume erlebt er in den zartesten Pastellfarben, sie lassen ihn schweben, bis hinauf zu den höchsten Wonnen der Glückseligkeit. Selbst sein ausgemergelter Körper stimmt mit ein in den Jubelgesang, der nicht zu enden scheint. Robert ist eingetaucht in die endlose Stille, die ihm, dem Himmel nah, unsägliche Freuden bereitet.

Doch das Glück ist nicht von Dauer. Schnell zieht in der scheinbar friedlichen Welt jener eisige Wind auf, der seine Gedanken zurücktreibt zu Gewalt und Brutalität. Er fällt zurück auf die Erde und spürt erneut die Hysterie der

Sucht, die er nicht zu bändigen vermag. Sein zweites Gesicht kommt zum Vorschein. Es ist die Nacht, als der letzte Schleier der Zivilisation fällt. Es ist die Nacht, als das Böse in ihm erwacht. Er wird zum schwarzen Engel der Hölle, besessen von dem Erlebten, versunken in den Albträumen von seiner schrecklichen Kindheit.

Und dann steigert Robert sich in ein Gefühl der Größe hinein. Plötzlich durchzieht unbändiger Hass sein Inneres. Außer sich vor Wut, streift er durch die Stadt und bemerkt nicht, dass die Menschen die Straßenseite wechseln, wenn sie auf ihn aufmerksam werden.

Aus dem sanften Riesen wird ein reißendes und unberechenbares Tier auf der Suche nach einem Opfer. Mit stechendem Blick durchdringen seine Augen jedes Gegenüber. Den Mund weit geöffnet, als würde er nach Luft ringen, gibt er den Blick frei auf seine schiefen, ungepflegten Zähne. Seine dünnen Haare flattern haltlos im Wind. Die großen Hände ballt er zu Fäusten, sie finden kaum Platz in seinen Taschen. Wie ein Boxer im Ring hält er sie vor seine Brust. Seine Schritte werden immer schneller, als wäre er zu spät dran. Ohne erkenntliches Ziel verlässt er den Finsbury Park Richtung »Piccadilly Line«. Kurz vor der U-Bahn Richtung »Cockfosters« blickt er sich nach allen Seiten um, wie jemand, der Angst hat, verfolgt zu werden.

Ein Zwischenfall in der U-Bahn

Ohne ein Ticket zu kaufen, steigt er schließlich in den Zug ein. Nervös läuft er von einem Abteil ins andere. An der nächsten Haltestelle – »Manor House« – beobachtet er nervös die wartenden Menschen auf dem Bahnsteig. Er hat panische Angst vor einem Kontrolleur. Doch es scheint keine Gefahr zu geben, auch nicht an der folgenden Haltestelle »Turnpike Lane.«

Kaum ist der Zug wieder angefahren, begibt sich Robert zur U-Bahn-Tür. Es sieht so aus, als hätte er das Ziel seiner Irrfahrt bald erreicht. Er wird wieder unruhig. Die wenigen Sekunden, die der Zug bis zum Bahnhof »Wood Green« benötigt, erscheinen ihm endlos. Als es so weit ist, hat er keine Augen mehr für jemanden, der seinen Fahrschein kontrollieren möchte. Robert sieht nur die junge, äußerst attraktive Frau, die ihn anlächelt und ihm einen Prospekt entgegenhält.

Er ist ganz verwirrt ob der Aufmerksamkeit, die ihm unvermutet entgegengebracht wird. Interesselos nimmt er das Reklameblatt entgegen, aber der Frau blickt er dabei tief in die Augen. Wie angewurzelt bleibt er stehen und starrt sie an.

Noch immer lächelt die Frau, während sie ihrem Gegenüber ganz beflissen erklärt, dass er sich unbedingt die Ausstellungsräume der Madame Tussaud in der Baker Street ansehen müsse. Doch Robert hört ihre Worte nicht. Seine Augen flackern. Tölpelhaft umklammern und zerdrücken seine tatzenhaften Hände das Papier.

»Einhundertneunundfünfzig Persönlichkeiten aus der ganzen Welt werden hier ausgestellt«, nimmt sie einen neuen Anlauf und spürt die Blicke, die über ihren Körper gleiten. Nervös spricht sie weiter: »Harold Wilson, Abraham Lincoln, Ho Chi Minh, ja selbst Mahatma Gandhi können Sie in diesem Wachsfigurenkabinett sehen.«

Doch sie erhält keine Antwort, und ihre anfängliche Freundlichkeit verliert sich. Sie bekommt Angst, unsägliche Angst vor diesem heruntergekommenen, schweigsamen Riesen. Ihre Blicke fliegen durch die Bahnhofshalle, die sich längst geleert hat. Völlig allein stehen sich diese beiden Menschen in dem riesigen Raum gegenüber. Sie versucht mit ein paar Schritten zur Seite, den Blicken des Mannes zu entkommen. Doch Robert lässt nicht locker.

Erneut pflanzt er sich vor der völlig verängstigten Frau auf und spricht noch immer kein Wort. Minuten vergehen, bis Robert ganz unvermittelt zu ihr sagt: »Sie gefallen mir sehr gut. Sie sind sehr hübsch, wollen wir nicht in ein Pub gehen und ein Gläschen zusammen trinken?«

»Das ist sehr nett von Ihnen, aber mein Mann holt mich gleich hier ab«, lügt die Überrumpelte und hofft, dass sie den unheimlichen Fremden damit endlich vertreibt.

Doch Robert beeindrucken diese Worte nicht, und er wiederholt seine Bitte: »Wenigstens eine halbe Stunde, so viel Zeit werden sie doch für mich haben.«

»Nein, ganz bestimmt nicht, ich habe Ihnen doch gesagt, dass ich auf meinen Mann warte.«

Plötzlich betritt ein junger Mann die Halle. Überrascht hört er, wie die junge Frau ihm zuruft: »Darling, wie schön, dass du schon da bist.«

Der junge Mann versteht die Welt nicht mehr, als die junge Frau auch noch auf ihn zugeht, ihn küsst, sich bei ihm unterhakt und mit ihm im Schlepptau dem Ausgang entgegeneilt.

»Sagen Sie nichts. Ich habe Angst vor dem Mann. Bitte gehen Sie mit mir aus dem Bahnhof.«

Folgsam, wie Männer bei hübschen Frauen nun mal sind, fragt er nicht nach und genießt die Gunst der Stunde. Nur einmal dreht er sich neugierig nach Robert um, der noch immer wie angewurzelt an derselben Stelle steht.

Die Halle ist menschenleer. Robert blickt noch immer auf die Stelle, wo vor wenigen Augenblicken noch die bildhübsche Frau stand. Längst haben sich seine Hände zu Fäusten geballt und den Werbezettel, den er von ihr erhielt, zu einem Knäuel verformt. Unkontrollierbare Wut steigt in ihm auf. Er fühlt sich gedemütigt und beschließt, sich zu rächen. Seine Gedanken sind wirr. Er will die Frau zur Rede stellen und eilt dem Pärchen nach. Am Ausgang angekommen, blickt er sich nach den beiden um, und es ist gut für sie, dass er sie nicht mehr sieht.

Fatale Begierde

Nur wenige Stunden später: Robert läuft ziellos durch Wood Green, eine Vorstadt im Norden von London. Er spürt gar nicht, wie die Zeit vergeht, denn noch immer hofft er, die beiden zu finden. Für die erlittene Schmach will er fürchterliche Rache nehmen. Doch die Stunden vergehen, und er sieht weder die Frau noch den Mann wieder. Dann wirft er einen Blick in seine Geldbörse. Leer. Es ist Zeit, für Nachschub zu sorgen. Er beschließt, wieder anschaffen zu gehen. Unruhig streift er durch die Straßen, auf der Suche nach einer der vielen öffentlichen Bedürfnisanstalten.
Endlich sieht er in der Mitte eines kleinen Platzes eine offensichtlich stark frequentierte Toilette. Sein Kennerblick sagt ihm, dass er am Ziel seiner Wünsche ist. Längst geht es auch hier nicht mehr um das Verrichten der menschlichen Notdurft. Allzu offenkundig ist das Umherschleichen der Freier und Stricher. Herren im betont unauffälligen Anzug taxieren die jungen, mit Goldketten behangenen Männer. Robert zögert nicht lange. Geradewegs betritt er das Reich der schnellen Befriedigung. Nur mit Mühe findet er ein freies Urinalbecken. Ein Blick nach links, einer nach rechts – ja, er hat sich nicht getäuscht. Kein Tropfen Urin fließt durch die Abflussrinne am Boden.

Heftig bewegen sich die Männer, und ihre Blicke verraten sexuelle Gier. Hände wechseln vor aller Augen die Körper. Niemand geniert sich, denn alle kennen nur ein Ziel. Ein paar Minuten Glücklichsein für wenig Geld. Denn angefasst wird nur von den Profis, und die tun es nicht umsonst. Robert nimmt Blickkontakt mit einem jungen Mann auf. Man wechselt die Beckenplätze, und das Vorspiel beginnt. Schüchtern sieht der Freier seinem Auserkorenen in die Augen. Der Preis ist schnell vereinbart, und Robert fackelt nicht lange. Der Kunde schließt die Augen und genießt die starken Finger, die ihn geschickt und geübt massieren. Robert blickt auf den weitaus kleineren Mann herunter, als er plötzlich dessen Hand an seinem Hintern spürt. Immer intensiver wühlen sich Finger in die Nähe des heiß ersehnten Ziels. Roberts Aktivitäten werden immer langsamer. Verwundert und enttäuscht blickt der junge Mann ihn an.

»Komm mit nach draußen, dann kannst du alles haben«, flüstert Robert ihm zu. Verzückt verdreht der Mann die Augen und wähnt sich im siebten Himmel. Er wundert sich nicht, dass kein neuer Preis verlangt wird. Beide schließen ihre Hosen, und wie ein verliebtes Paar verlassen sie den Ort der billigen Freuden.

»Wir suchen uns einen Hausflur, und dann kannst du von mir haben, was du willst«, verspricht Robert seinem Kunden, der ihn ganz verliebt ansieht.

»Mein Name ist John«, stellt sich der jugendlich wirkende Mann vor.

»Ich heiße Robert«, lautet die Antwort.

»Ach, Robert, ein schöner Name«, schmeichelt John und geht eingehakt nebenher. Längst hat er die starken Armmuskeln seines vermeintlichen neuen Freundes gespürt. Schon nach wenigen hundert Metern ist eine Herberge gefunden. Ein alter, gegenwärtig unbenutzter Fahrradschuppen, dessen Tür weit offen steht. Leere Kisten und halb verrottetes Gerümpel bilden das einzige Inventar. John stört das nicht. Er hat nur Augen für diesen mächtigen Mann mit seinen fast zwei Metern und dem kräftigen, muskulösen Körper. Langsam beginnt es dunkel zu werden. Im Mondlicht wirkt Roberts Oberkörper noch attraktiver auf John. Wie eine Statue steht Robert in der Mitte des Raumes und lässt scheinbar teilnahmslos alles über sich ergehen. Doch John ist viel zu sehr mit sich selbst und seinem bezahlten Bedürfnis beschäftigt, um die merkwürdige Starre zu bemerken. Er registriert auch nicht, dass Robert seinen Hosengürtel mit einer Hand festhält.

»Komm, lass mich doch deine Hose öffnen«, bettelt John. Das dauert ihm alles schon viel zu lange.

»Warte noch ein wenig«, sagt Robert mit fester Stimme. »Ach was, wofür habe ich denn bezahlt?«, kommt es ungeduldig zurück. John nestelt am Bund von Roberts Hose. Immer wieder versucht er, wenigstens mit der Hand ans Ziel zu kommen. Wie ein trotziges Kind, das nicht be-kommt, was es möchte, wühlt er immer tiefer, bis plötzlich ein lüsternes Grinsen sein Gesicht überzieht. Glückselig, der Befriedigung seiner Wünsche so nah, bemerkt er nicht, was um ihn herum geschieht.

Er sieht nicht, dass das Gesicht seines Gegenübers sich blutrot färbt, dass seine Adern anschwellen, dem Platzen nah sind. Er bemerkt nicht, wie Roberts Hände sich zu Fäusten ballen. John spürt nur das Erschauern, das sein Gegenüber erfasst. Und er missversteht es auf fatale Weise. Denn Robert denkt an die Attacken seines Vaters. Er spürt Johns rastlose Hände an seinem Hintern, fühlt, wie sie immer mehr fordern. Wie

sie Besitz ergreifen wollen. Ihn, wie so oft, erniedrigen
wollen.

Robert reißt seine geballten Fäuste nach oben und schreit:
»Lass mich los, du schwules Dreckschwein, ich werde dir
zeigen, was mit jemandem wie dir zu geschehen hat.«
Erschrocken fährt John zusammen. Plötzlich sieht er
in zwei blutunterlaufene, zusammengekniffene Augen, die
ihn anstarren. Er nimmt seine Hände aus Roberts Hose
und versucht Ordnung in seine Kleidung zu bringen.
Doch es gelingt ihm nicht.

Die mächtigen Pranken Roberts ergreifen ihn, reißen an
seinem Körper. Und noch immer steht John mit herunter-
gelassener Hose da. Er kann nicht fliehen, glaubt einem
Tier gegenüberzustehen und keinem Menschen. Roberts
Gesichtszüge verformen sich zu einer Fratze. Seine Augen
laufen rot an. Seinen Mund hat er weit geöffnet. Immer
stärker schnüren sich seine mächtigen Pranken um Johns
Hals. Der bekommt keine Luft mehr. Verzweifelt versucht
er, sich loszureißen oder doch wenigstens seine Hose hoch-
zuziehen. Rammt sein Knie an die empfindlichste Stelle
seines Gegners. Robert schreit laut auf, muss sein Opfer
loslassen.

Schmerzgekrümmt geht er in die Knie und fasst sich an
seine wie Feuer brennenden Hoden. Immer lauter brüllt er.
Er klingt wie ein Tier, das mit dem Tode ringt.

John erkennt seine Chance. Während Robert in der Hocke
kauert, versucht er zu fliehen. Aber immer noch behindert
ihn die halb heruntergelassene Hose. Als er sie hochziehen
will, stolpert er in der Finsternis über eine alte Kiste. Beim
Aufprall bricht er sich die Hand. Doch die unbändige Angst
lässt ihn die Schmerzen nicht spüren. Er rappelt sich auf,
weiß längst, dass dies seine einzige Chance ist, dem Ungeheuer zu entkommen. Dann durchfährt ihn ein stechender

Schmerz im Bein. Offensichtlich hat er sich auch den Knöchel verstaucht. Er humpelt, wehrt sich gegen die Schmerzen, nimmt alle Energie seines Körpers zusammen. Blickt zurück zu dem Fahrradschuppen. Von Robert ist keine Spur zu sehen. Die Türe des Holzhauses steht noch immer offen.

John beißt die Zähne zusammen und kämpft sich weiter vor. Bestimmt ist es nicht mehr weit bis zu den nächsten Wohnhäusern, denkt er. Wieder dreht er sich um. Noch immer ist niemand zu sehen.

Plötzlich schreit John in das Dunkel der Nacht: »Hilfe, Hilfe! Man will mich umbringen. Hilfe, ein Mörder! So helft mir doch!«

Er glaubt, nah genug an einem Wohnviertel zu sein. Doch niemand hört seine Schreie. Weinend bricht er zusammen. Kann sich nur noch mit Mühe aufrappeln. Versucht auf allen Vieren zu entkommen. Schleppt sich Meter um Meter in die vermeintliche Sicherheit. Wähnt sich schon in Sicherheit. Die rettenden Wohnblocks sind nicht mehr weit entfernt. Er sieht, wie plötzlich ein Licht hinter einem dunklen Fenster angeht. Man hat meine Schreie gehört, man wird mich retten, schießt es ihm durch den Kopf. Hoffnung keimt in ihm auf. Seine Bewegungen werden schneller, er spürt keine Schmerzen mehr. Lässt das erleuchtete Fenster nicht mehr aus den Augen. Hofft, dass es sich jeden Augenblick öffnen wird. Wild fuchtelt er mit den Armen. Auf allen Vieren robbt er durch das Gras. Nur weg von dieser Bestie in Menschengestalt, von diesem Teufel, dem er so vertraute. Flucht ist sein einziger Gedanke. Doch noch immer ist kein Mensch zu sehen. Er weiß, dass ihn nur jemand bemerken müsste, dann wäre er gerettet. Wie gebannt starrt er auf das Fenster.

54

Plötzlich sieht er einen langen schwarzen Schatten vor sich auftauchen. Er schreckt hoch, hebt seinen Kopf, will schreien. Robert hat ihn eingeholt. Mit eisigem, grausamem Blick schaut der Hüne auf sein am Boden liegendes Opfer. John krümmt sich zusammen, will sich schützen, schlägt in verzweifelter Todesangst die Arme über dem Kopf zusammen.

Robert sagt kein Wort. Reagiert nicht auf Johns Hilfeschreie, er will sie nicht hören, diese Laute der Angst, hervorgestoßen von einer ihm kaum mehr menschlich erscheinenden Kreatur.

»Du kannst alles von mir haben. Ich habe Geld. Ich schenke dir mein Auto«, fleht John und wirft seinem Peiniger Geldbörse und Schlüsselbund entgegen. »Nur lass mich leben, ich habe dir doch nichts getan.«

Bedächtig bückt Robert sich nach dem Portemonnaie am Boden und steckt es in seine Hosentasche. Der Inhalt kümmert ihn nicht. Seine Blicke gehören alleine John. Immer stärker entgleisen seine Gesichtszüge, gerinnen zu maskenhafter Starre. Ohne ein Wort zu sagen, geht er auf sein wehrloses Opfer zu, tritt mehrmals gegen dessen Kopf. Immer wütender, immer heftiger werden die Tritte. Noch immer versucht John, sich mit seinen Armen zu schützen. Doch Robert tritt immer fester zu. In Rage versucht er, John die Arme vom Kopf zu reißen. Packt einen Arm und reißt John daran in die Höhe. Dann schlägt er zu, und diesmal trifft er sein Opfer mitten ins Gesicht. Blut rinnt ihm aus der Nase. Seine Lippen schwellen an. Die Augenbrauen zeigen tiefe Risse.

»Lass mich am Leben. Bitte, bitte«, kann John noch flüstern, dann wird er ohnmächtig. Er spürt nicht mehr, wie Robert ihn an den Haaren zurück zu dem alten Fahrradschuppen schleift. Immer wieder schlägt sein Kopf hart auf den Boden, wenn ein Haarbüschel der rohen Gewalt Roberts nicht standhält. Das macht Robert noch wütender. Mit seinen schweren Schuhen traktiert er jedes Mal Johns Kopf, bevor er sich bückt, um ihn wieder aufzuheben. Wie ein wildes Tier seine Beute, so schleift Robert sein Opfer in das sichere Versteck. Mit dem Fuß schlägt er die Tür des Holzschuppens zu und wirft John auf eine Holzkiste.

Es ist dunkel, doch die Augen des Schlächters sehen gut. Er legt sich sein Opfer zurecht, will noch einmal in das verschwollene und blutüberströmte Gesicht dieses Menschen sehen. Lacht laut auf, als er die kahlen Haarstellen auf dessen Kopf erkennen kann. Ein blutiges Rinnsal fließt John aus den Ohren. Robert Maudsley kennt keine Gnade. Er zieht John an den Ohren nach oben und bereitet ihm auf der schäbigen Holzkiste ein Lager, als sei diese ein Opferaltar.

Entsetzen über die »satanische« Tat

»Satanischer Mord an Homosexuellem«, berichtet die englische Presse am nächsten Tag. Das Bild von John Farrell ist im März des Jahres 1974 in allen Zeitungen des Landes zu sehen. Die genaueren Umstände des Verbrechens werden jedoch selbst von der Regenbogenpresse merkwürdig zurückhaltend behandelt – die Leser erfahren keine Details über den Tathergang, und es werden auch keine polizeilichen Stellungnahmen zitiert.

Auf die entsprechende Frage eines Journalisten gibt der Leiter der Mordkommission nur eine ausweichende Antwort: »Die Verletzungen des Opfers zeugen von einer derart unvorstellbaren, perversen Brutalität, dass man von einem satanischen Mordritual ausgehen muss. Die Beam-

ten am Tatort hatten Probleme, den Kopf des Opfers als
den eines Menschen zu identifizieren. Wir sind von dieser
Tat alle sehr geschockt.«

Als er Tage später gefragt wird: »Kann man schon etwas
über den Täter sagen, hat man schon Anhaltspunkte, die
auf dessen Identität schließen lassen?«, muss er gestehen:
»Leider nein, wir tappen noch immer im Dunkeln. Die Gerichtsmediziner, die das Opfer obduzierten, gehen davon
aus, dass der Täter ausgesprochen kräftig gebaut sein
muss. Außerdem ist anzunehmen, dass er sehr groß ist, da
die Gewalteinwirkung auf den Kopf von oben erfolgte.«

»Wie ist das zu verstehen?«, fragt der Journalist nach.

»Nun ja, in den meisten Fällen dieser Art ist eine Gewalteinwirkung im Gesicht festzustellen. In diesem Fall aber
sind die meisten Verletzungen von oben herab ausgeführt
worden, was darauf schließen lässt, dass der Täter weitaus
größer ist als das Opfer.«

»Haben Sie schon eine heiße Spur?«, wird der Kommissar
bedrängt.

»Zunächst war es sehr schwierig, das Opfer überhaupt zu
identifizieren, denn der Mann hatte keinerlei Papiere bei
sich. Erst bei einer groß angelegten Suchaktion fanden wir
eine Geldbörse mit einem Ausweis. Ansonsten war das
Portemonnaie leer. Das Geld wurde sicher vom Täter ent-
nommen«, lautet die ausweichende Antwort.

»Haben Sie andere Gegenstände gefunden, die auf den Täter schließen lassen?« Die Journalisten lassen nicht locker.
Der Beamte unterstreicht seine Antwort mit einem hilflos
wirkenden Kopfschütteln: »Nein, obwohl wir das gesamte
Umfeld des Opfers durchleuchtet haben. Wie Sie wissen,
war der Mann homosexuell, und Sie können sich vorstellen, wie schwierig es ist, in dieser Szene Informationen zu
erhalten. Wer will sich schon outen und zugeben, dass er

diese Toilettenanlage für seine sexuellen Wünsche genutzt hat. Sie dürfen nicht vergessen, in diesen Bedürfnisanstalten finden Sie Menschen aller Schichten. Vom einfachen Arbeiter bis zum Großindustriellen, aber darüber möchte ich nicht sprechen.« Dann fährt er fort: »Morde an Homosexuellen gibt es immer wieder. Aber so etwas Brutales habe ich während meiner langjährigen Arbeit bei der Polizei noch nie gesehen. Zwei Kollegen mussten sich beim Anblick des Opfers übergeben. Hartgesottene Männer, seit Jahren an schreckliche Bilder gewöhnt. Doch was dieses Opfer erleiden musste, sprengt alle Grenzen. Es muss ein Wahnsinniger gewesen sein, der zu solchen Gräueltaten im Stande war.«

Die Suche nach dem Täter

Die Presse in England überschlägt sich in Superlativen und malt ihre Gewaltdarstellungen in den schrecklichsten Farben. Zunächst dominiert Schwarz, weil man erst annahm, es mit einem satanistischen Ritual zu tun zu haben. Dann kommt Braun in Mode, aber auch der neofaschistische Hintergrund wird bald wieder verworfen. Was übrig bleibt, ist die Farbe des Blutes: Rot.

Scotland Yard beschließt, eine Sondereinheit aus Spezialisten der Mordkommission zu gründen. Die Zeit drängt. Presse und Öffentlichkeit sitzen den Beamten im Nacken. Tausende von Überstunden werden gemacht. Ebenso viele Hinweise gehen ein. Trotz ständiger Aufrufe an die Bewohner der Stadt, jede nur erdenkliche Beobachtung zu melden, kommen keine brauchbaren Hinweise, nur eine Flut von unbrauchbarem Unsinn. Auch die Spurensicherung findet nichts. Zu stark frequentiert sind die vermutlichen Tatorte, als dass dort Fingerabdrücke oder sonstige Beweismittel zu finden gewesen wären.

»Der Mörder hat sich den richtigen Tatort ausgesucht«, sagt einer der Ermittler. »Wo soll man hier auch anfangen mit der Suche nach brauchbaren Spuren? Tausende von Fingerabdrücken und unzählige Fußspuren finden sich in jeder dieser Toiletten.«

Immer wieder durchkämmen Dutzende von Polizisten die öffentlichen Bedürfnisanstalten. Aber das einschlägige Milieu ist längst auf andere Adressen ausgewichen. Die Polizei ist sich mittlerweile sicher, dass der Täter unter den Strichern zu suchen ist. Doch ein Homosexueller, so der zugezogene Psychologe, könne aus dem Kreis der Verdächtigen eigentlich ausgeschlossen werden. Noch nie ist in dieser Szene ein Mord mit einer derart massiven Gewalteinwirkung verübt worden. Fieberhaft versucht man, an die Adressen der männlichen Prostituierten heranzukommen. Doch das Durchkämmen der stadtbekannten Clubs bringt keinen Erfolg. Die Polizei erfährt zwar die Adressen von Strichern, doch keiner dieser Männer kommt für die Tat in Frage.

Ein weiteres Problem kommt hinzu: Mit zunehmender Dauer der Ermittlungen wird das Erinnerungsvermögen der Zeugen immer schwächer, und die meisten Alibis verdächtiger Personen sind nicht mehr nachzuprüfen.

Einige Wochen später haben sich die Wogen, die der Fall in der Presse geschlagen hatte, wieder geglättet. Die Plätze um die öffentlichen Toiletten füllen sich allmählich wieder, was der Polizei nicht verborgen bleibt. Das Abschwellen der Medienhysterie kommt den ermittelnden Beamten zu Gute. Sie können jetzt zumindest in Ruhe arbeiten, dennoch werden die Ermittlungen von Tag zu Tag schwieriger. Informationen aus der Bevölkerung führen regelmäßig in die Irre, aus der homosexuellen Stricher- und Freier-Szene geht ebenfalls kein brauchbarer Hinweis ein. So entschließt man sich, trotz heftiger Proteste aus den eigenen Reihen, zu einer Großrazzia im Prostituiertenmilieu. Niemand, der sich auch nur im Dunstkreis der Szene befindet, ist fortan vor Überprüfungen der Sonderkommissionen sicher. Jede öffentliche Bedürfnisanstalt befindet sich im Fadenkreuz der Ermittler, selbst seit Jahren offiziell geschlossene Männertoiletten. Die Polizei weiß, dass diese Türen jede Nacht aufs Neue geöffnet werden.

An einem Freitagabend ruft der Leiter der Kommission eine geheime Besprechung ein. Keine Information über die geplante Aktion soll nach draußen dringen. Auch unter den Ermittlern befinden sich Männer, die in den inkriminierten Kreisen verkehren. Man will jedes Risiko ausschalten.

Den Beamten werden noch einmal die grauenhaften Bilder vom Tatort gezeigt. Man will die Männer motivieren, alles zu tun, um den Mörder dingfest zu machen. Vielen der abkommandierten Polizisten gefällt ihr Auftrag jedoch nicht. Sie haben Angst, bei der Ermittlungsarbeit an Personen zu geraten, die sich ihnen bei einer anstehenden Beförderung in den Weg stellen könnten. Längst hat es sich herumgesprochen, wer alles in den Liebeslauben anzutreffen ist. »Na, hoffentlich nicht mein Chef«, scherzt einer der Ermittler mit sarkastischem Unterton.

In einer bis dahin in dieser Größenordnung nie da gewesenen konzertierten Aktion werden am darauf folgenden Abend alle öffentlichen Männertoiletten der Millionenstadt London gleichzeitig überprüft. Alle Fahrzeuge mit Blaulicht und alle neutralen Kripowagen sind im Einsatz. Selbst Mannschaftswagen werden davon nicht ausgenommen.

Das Resultat ist ein riesiges Chaos. Die angetroffenen Männer sind geschockt, keiner versteht, was dieser plötzliche Polizeiaufmarsch soll. Unglaubliche Szenen spielen sich an den Orten ab, an denen normalerweise alles sehr diskret verläuft. Doch aller Aufruhr nützt nichts. Jede Anlage wird umstellt, es gibt kein Entkommen.

Aufregung in der Szene

Mit dem immer gleichen Spruch überprüfen die Beamten die Personalien: »Darf ich Ihren Ausweis sehen?«

Entsetzen breitet sich aus. Die Betroffenen empören sich darüber, dass sie nun schon bei der Verrichtung ihrer Notdurft bespitzelt würden. Viele Männer antworten deshalb: »Von mir? Ich werde mich über Sie beschweren! Wissen Sie überhaupt, wer ich bin?«

Doch die Polizisten sind nicht auf den Mund gefallen: »Das werde ich anhand Ihres Ausweises gleich sehen«, geben sie lapidar zurück.

Alle Namen der angetroffenen Männer, die man der Szene zuordnet, werden registriert. Die Beamten staunen nicht schlecht, welchen Berufsbezeichnungen und akademischen Titeln sie hier begegnen. Man befragt die verdutzten Männer, welche Stricher hier sonst noch verkehren würden. Doch allein schon die Erwähnung von Prostitution genügt, um die Befragten zurückschrecken zu lassen. So gut wie alle behaupten, von derlei Aktivitäten generell nichts zu wissen. »Was für Leute suchen Sie? Stricher? Ich weiß nicht einmal, was diese Leute tun.« Sie seien alle nur zum Pinkeln hierher gekommen.

»Was glauben Sie, was meine Frau dazu sagt, wenn sie von dem hier erfährt? Sind Sie sich über die Konsequenzen im Klaren? Wissen Sie, was dies für mich bedeutet? Sie werden meinen Anwalt kennen lernen, dann werden Sie sich wünschen, mich nie nach meinem Ausweis gefragt zu haben.« So und ähnlich reagieren vor allem die distinguierten Herren in Anzug und Krawatte.

Viele Männer sind jedoch auch kooperativ und stehen zu ihrer Veranlagung. Zwar negieren sie, jemals Stricher aufgesucht zu haben, sie bekennen sich jedoch dazu, homosexuell zu sein. Dieser Personenkreis könnte der Polizei weiterhelfen. Jeder dieser Männer wurde schon einmal von einem Stricher bestohlen. Zwar nimmt man die Liebesdienste gerne in Anspruch. Doch alle haben auch negative Erfahrungen mit Prostituierten gemacht. Es gibt wohl keinen Freier, dem auf den Toiletten nicht schon mal das Portemonnaie geklaut worden wäre. Viele haben diese jungen Menschen manchmal sogar mit nach Hause genommen und es dann meist bitterlich bereut. In den noblen

Wohnungen und Häusern angekommen, staunen die Stricher, wie gut ihre Freier es haben. Diese feinen Viertel, dieses stilvolle Mobiliar, das ist nicht ihre Welt. Ihr Zuhause ist meist die Straße. Wenn sie dann darüber nachdenken, mit welchem Hungerlohn sie abgespeist werden sollen, überfällt sie meist grenzenlose Wut. Noch immer sehen sie den demütigen Freier vor sich, der ihnen in einem Pissoir an die Wäsche will. Deren meist penibel aufgeräumtes, sauberes Zuhause verwirrt die jungen Prostituierten. So etwas kennen sie nicht von ihrem Elternhaus. Also beginnen sie ihren Freiern Gefühle, ja Liebe vorzugaukeln, um Zeit zu gewinnen und die angetroffene Situation besser überschauen zu können. Während sich der Hausherr in freudiger Erwartung besonders gründlich duscht, durchsucht sein Gast meist alle Schränke nach Bargeld. Wird er nicht fündig, ist der Verlauf der folgenden Dienstleistung meist vorprogrammiert.

Wünscht der Kunde zum Beispiel Fesselspiele, ist für den Stricher sowieso alles gelaufen. Das Opfer wird ans Bett gefesselt, aber nicht etwa verwöhnt, sondern gnadenlos ausgeraubt. Hilflos muss der Hausherr mit ansehen, wie man seine Habe durchstöbert, wie alles Verwertbare aus der Wohnung geschafft wird. Dabei dürfen sie sich noch glücklich schätzen, wenn ihnen wenigstens keine Gewalt angetan wird. Wer es schafft, sich selbst aus der misslichen Lage zu befreien, ist so froh, heil davongekommen zu sein, dass er den Verlust des Eigentums darüber leicht verschmerzt. Der Gang zur Polizei kommt für die meisten dieser Männer nicht in Frage. Was sollten sie dem Beamten denn auch sagen? Dass sie mit ihren sechzig Jahren einen 15-Jährigen oder einen noch jüngeren Buben mit nach Hause genommen haben? Sollen sie zu Protokoll geben, dass sie sich sicher waren, die große Liebe gefunden zu haben?

»Viele dieser meist sehr jungen Stricher sind nicht homosexuell, sondern, wie man so sagt, normal«, erfahren die Beamten in einem jener seltenen Fälle, wo sich ihnen jemand offenbart. »Sie wollen doch nur unser Geld. Wir träumen jedoch davon, dass wir einmal der wahren Liebe begegnen dürfen. Was ist daran so verwerflich? Die heterosexuellen Männer tun doch dasselbe. Die sind nicht nur in den Frauen-Bordellen, sondern sehr viele auch hier bei uns. Zu Hause den braven Ehemann spielen und sich nebenbei mit gekauften Männern und Frauen vergnügen. Ist das besser? Was habt ihr gegen uns?«

»Gar nichts«, antwortet ein junger Beamter. »Wir haben nur einen Mord aufzuklären. Es kann doch nicht in Ihrem Interesse sein, dass dieser Mann noch frei herumläuft. Dies alles geschieht doch auch zu Ihrer Sicherheit. Denn dieser Mann wird wieder töten, davon sind wir überzeugt. Wollen Sie das nächste Opfer sein? Wir gehen davon aus, dass dieser Mann eine unglaubliche Aggression gegen Homosexuelle entwickelt hat. Wir sind auf Grund der Recherchen davon überzeugt, dass es zwischen Opfer und Täter keinerlei persönliche Verbindungen gab. Deshalb sind wir sicher, dass der Mörder in den Kreisen jener Leute zu suchen ist, die Sie als Stricher bezeichnen. Wir sind nicht hier, um eine Kartei der Besucher von öffentlichen Toiletten zu erarbeiten. Wir suchen einen Killer. Sonst nichts.«

»Dass wir Angst haben, können Sie sich sicher vorstellen«, erwidert einer der Befragten. »Wenn ihr diskret im Umgang mit unseren Namen seid, will euch im Prinzip jeder von uns helfen. Unsere Namen dürfen nur nicht an die große Glocke gehängt werden. Dafür haben Sie doch Verständnis, oder? Viele von uns arbeiten in leitenden Positionen, was glauben Sie, was die Chefs dazu sagen würden, wenn Sie von unseren sexuellen Vorlieben erführen?«

Diese Worte beeindrucken die Beamten, und sie sehen endlich eine Perspektive für ihre Bemühungen. Bei den folgenden Gesprächen erfahren die Beamten einiges über den verdächtigen Personenkreis. Immer mehr Freier werden gesprächig, als die Beamten wiederholt beteuern, dass niemand Repressalien zu befürchten habe. Zum Glück. Denn die Beamten des Sonderdezernats von Scotland Yard sind mit ihrem Latein längst am Ende. Die grauenhaften Bilder des verstümmelten Opfers hängen weiter in ihren Büros, doch die ergebnislose Auswertung der Spurensicherung und den schockierenden Obduktionsbericht der Gerichtsmedizin können sie nur mehr resigniert zur Kenntnis nehmen. Ihre Ermittlungserfolge beschränken sich auf reine Verdächtigungen und unbrauchbare Hinweise. Es gibt keine einzige heiße Spur. Sie graben in der Vergangenheit jedes verurteilten Straftäters, der in Zusammenhang mit einem Mord gebracht werden konnte. Vergeblich!

Von der Presse gedemütigt, sitzen die Ermittler und Fahnder in ihren Büros und hoffen nur auf eins: auf neue Erkenntnisse durch die Großrazzia der Polizei. Als sich die hinauszögern, versucht das Sonderdezernat zumindest das Täterprofil zu konkretisieren. Immer wieder fahren die Beamten zum Tatort. Genau zu jener Uhrzeit, als der Mord geschah. Man will sich so gut als möglich in die Lage des Täters hineinversetzen. Doch alle Bemühungen sind vergebens. Immer wieder sehen sich die Ermittlungsbeamten die Fotos vom Opfer an. Längst sind alle psychiatrischen Anstalten des Landes nach Entlassenen überprüft worden, bei denen ein solches Verbrechen in Frage käme. Doch auch hier Fehlanzeige. Die sexuellen Obsessionen des Mörders seien nicht nur auf Männer fixiert, mutmaßen schließlich einige der Beamten. Also sucht man fieberhaft auch in den Kreisen von entlassenen Frauenmördern. Ohne Erfolg.

Die Vermutungen über das Motiv des Täters nehmen bizarre Formen an. Man glaubt nicht mehr an eine momentane Laune des Täters, vielmehr gelangt die Polizei zu der Überzeugung, dass es sich um eine von langer Hand geplante Tat handelt. Einen vorsätzlichen Mord schließt man nicht mehr aus. Gespannt wartet man auf die schriftlichen Protokolle von der Sonderaktion. Hunderte Hinweise müssen bearbeitet werden. Unzählige Unschuldige geraten in den Verdacht, ein bestialischer Mörder zu sein. Zwei Namen fallen während der unzähligen Vernehmungen jedoch immer wieder: John und Robert. Eine Adresse dieser männlichen Dirnen kann allerdings keiner der Szenekenner liefern.

Doch es werden nicht nur diese beiden Namen genannt. Viele der Befragten geben auch Namen von Personen an, deren Anschrift sie genau kennen. Von da an zittern die Stricher vor dem Zugriff durch die Polizei. Unzählige Vernehmungen müssen sie über sich ergehen lassen, Alibis präsentieren, vor allem für den Zeitpunkt der Tat. Manche sagen bewusst nicht die Wahrheit, was sie jedoch nur noch verdächtiger erscheinen lässt. Sind Männer gar schon mal mit dem Gesetz in Konflikt geraten – und das sind viele –, werden sie festgenommen und in Untersuchungshaft gesteckt. Manch einer hat auch noch das Pech, John oder Robert zu heißen. Ihr Glück, wenn sie nicht, wie von den Zeugen beschrieben, heruntergekommen und verwahrlost aussehen. Jedem Hinweis wird akribisch nachgegangen. Man will auf keinen Fall Fehler machen.

Längst gibt es bei den Ermittlungen keinen Unterschied der Person mehr. Rigoros greift die Polizei jeden Hinweis auf, gleich, wer davon betroffen ist. Willkürliche Hausdurchsuchungen bei unbescholtenen Bürgern sind an der Tagesordnung. Die Presse tut ihr Übriges, um die Polizei zusätzlich unter Druck zu setzen. Denn natürlich haben Journalisten Wind von den Sondereinsätzen der Polizei bekommen. Dass es dabei nicht immer mit rechten Dingen zuging, prangern sie gewohnt reißerisch an. Als ruchbar wird, dass die Polizei auch nach Monaten noch keinen Schritt weitergekommen ist, fordert die Journaille umso vehementer endlich Erfolge.

Die Verantwortlichen wissen weder ein noch aus. Tagelang werden Karteien durchstöbert. Ein vorbestrafter Täter, der auf die Personenbeschreibung passt, wird jedoch nicht gefunden. Man versucht es bei den Kollegen der nahe gelegenen Städte, doch alle Bemühungen sind vergebens. Viele Ermittler geben ihren Job auf, weil sie mit der psychischen Belastung einer solch ungeheuerlichen Straftat nicht mehr fertig werden.

▌ Der Mörder kommt aus seinem Versteck

Es ist Montagvormittag, als ein heruntergekommener Vagabund die kleine Wache einer Londoner Polizeistation betritt. Eigentlich kennen die Beamten die Obdachlosen ihres Reviers sehr genau. Doch dieses Individuum ist ihnen nicht bekannt. Mit seinen prall gefüllten Plastiktüten, offensichtlich seine ganze Habe, betritt er das Revier. Er wird kaum beachtet, nur ein, zwei abfällige Blicke streifen ihn kurz. Erst nach mehreren Anläufen gelingt es ihm, die Aufmerksamkeit eines Beamten zu erregen.

»Na, wo brennt's denn? Wohl keine Bleibe, was?«, fragt ein Polizist.

»Keine Chance, mein Herr, unsere Gefängnisse sind überfüllt«, sagt ein anderer und grinst spöttisch.

»Mein Name ist Robert John Maudsley!«, stellt der Penner sich artig vor, doch niemand hebt auch nur den Kopf. Der ihm am nächsten stehende Beamte hat längst wieder an seinem Schreibtisch Platz genommen. Ein anderer beginnt zu schimpfen: »Immer dasselbe mit diesem Pack, wenn sie nicht mehr weiterwissen, wollen sie in den Knast.«

»Oder sie brauchen ärztliche Hilfe, und die bekommen sie ja auch, aber ohne, dass sie dafür hohe Krankenkassenbeiträge bezahlen müssen, so wie wir«, gibt ihm ein Kollege Recht. Maudsley hört genau zu, registriert, wie man über ihn denkt. Dann setzt er wieder an: »Ich möchte eine Aussage machen.« Doch noch immer nimmt kein Polizist Notiz von ihm. Robert John Maudsley wartet einige Zeit, er kann es gar nicht fassen, dass ihm niemand zuhört. »Ganz England sucht mich«, sagt er schließlich, lauter werdend. »Und jetzt, wo ich mich stellen will, hört mir keiner zu.«

»Ja ja, ganz England sucht dich, wegen einer zerbrochenen Fensterscheibe wahrscheinlich. Kostenlos schlafen und essen willst du, sonst gar nichts.« Der Polizist wird allmählich ärgerlich und überlegt, wie er diesen Hünen aus dem Revier befördern kann.

Hinter vorgehaltener Hand fragt ihn sein Kollege auf der anderen Seite des Schreibtisches: »Du, sag mal, wird nicht gerade ein junger Penner gesucht? Du weißt schon, aus der Homoszene?!«

»Der doch nicht, schau ihn dir doch an. Den will doch kein Schwuler ...«

Doch der Beamte ist jetzt hellwach. Er steht auf und geht auf Maudsley zu. Betrachtet ihn von oben bis unten. Dann fragt er: »Wer sind Sie?«

»Mein Name ist Robert John Maudsley.«

Noch immer können die Beamten nichts mit diesem Namen anfangen, aber seine wiederholte Aussage, dass in ganz Großbritannien nach ihm gesucht werde, macht sie misstrauisch.

»Ich will nur eines, wieder einmal richtig schlafen, und etwas zu essen«, sagt Robert.

»Na, das wollt ihr wohl alle. Ich habe es doch gleich gewusst, dass du nur nach einem kostenlosen Dach über dem Kopf suchst«, sieht der Beamte vor ihm sich in seiner Ahnung bestätigt, bequemt sich aber dennoch, die Angelegenheit etwas genauer unter die Lupe zu nehmen.

»Nein, ich will ein Geständnis ablegen«, beteuert Robert.

»Na, nun sag schon, hast du die Glasscheibe eines Ladens eingeworfen? Das gesteht ihr doch alle, um wieder einmal in den Genuss der Staatspension zu kommen«, bekommt er erneut die Ignoranz des Beamten zu spüren.

»Nein, ich will nur wieder in Ruhe schlafen können. Ich kann dieses Gesicht in meinen Träumen nicht mehr ertragen. Lasst mich diese schwule Sau vergessen, sonst krepiere ich daran.«

»Von welchem homosexuellen Herrn sprechen Sie denn?«,
fragt der Beamte, vorsichtig geworden, mit leiser Ironie. Es
ist, als sei das Codewort gefallen. Alle Beamten versam-
meln sich um Robert.

»Na, der von dem öffentlichen Pissoir, Sie wissen schon!«
Der Satz schlägt in dem Polizeirevier wie eine Bombe ein.
Verstohlen holt ein Polizist die Handschellen aus seiner
Schreibtischschublade und schiebt sich damit vorsichtig
an Robert John Maudsley heran.

»Sind Sie der Mann, der den Homosexuellen in dem Holz-
schuppen ermordet hat?«, fragt der Beamte geradeheraus.

»Ja, das bin ich, und dazu stehe ich auch, denn …« Weiter
kommt er nicht, denn jetzt bricht auf der Wache die Hölle
los. Überall hektische, laute Stimmen, Beamte, die zu ihren
Telefonen rennen, und mittendrin ein Paar Handschellen.
Bereitwillig streckt Robert die Hände nach vorn. Er hört
das Klicken des Metalls. Der Riese sitzt in der Falle. Doch
das stört ihn nicht, er wollte es so. Die Beamten verstehen
sein Verhalten nicht. Sie stecken ihn in die nächste leer
stehende Zelle. Doch Robert freut sich über die Wärme
in dem Raum, über die Pritsche, auf die er seine Sachen
legen kann. Dann wartet er geduldig, was da auf ihn
zukommt. Doch stundenlang bleibt er allein. Also beschließt er, sich sein Nachtlager zurechtzumachen. Die
mitgebrachten Plastiktüten räumt er sorgsam in eine Ecke.
Er genießt den Anblick frischer Bettwäsche, streckt sich
wohlig unter der Wolldecke aus. Er glaubt, im siebten Himmel zu sein. Nicht einmal die Deckenbeleuchtung stört ihn,
und auch nicht die Scheinwerfer, die auf der Gefängnis-
mauer im Hintergrund monoton ihre Kreise ziehen und dabei von Zeit zu Zeit die Zelle erleuchten. Nur Sekunden
nachdem er sich ins Bett gelegt hat, ist er bereits eingeschlafen.

Die Sensation spricht sich herum

Derweil laufen die Telefone in allen Polizeistationen des Landes heiß. Auch Scotland Yard ist inzwischen eingeschaltet. Man kann nicht glauben, was für ein großer Fisch der Polizei freiwillig ins Netz gegangen ist. Hohe Beamte der obersten Polizeibehörden glauben an einen Scherz und nehmen die Aussagen der Revierbeamten zuerst gar nicht ernst. Doch der Vorname und die Tatsache, dass es sich um einen Obdachlosen handelt, macht sie dann doch stutzig. Als sie dann auch noch von der Körpergröße des Verhafteten erfahren und die Zeugenaussagen daraufhin überprüfen, verändert sich ihr Verhalten mit einem Schlag komplett.

Erst jetzt wird die eigens für diesen Fall gegründete Sonderkommission verständigt. Der Leiter des Dezernats ist völlig außer sich: Tausende von Fahndungsplakaten hatte er drucken lassen, in jeder Zeitung wurde über dieses Aufsehen erregende Verbrechen tagelang auf der Titelseite berichtet, auf der gesamten Insel gibt es in der Bevölkerung kein anderes Thema mehr. Man war hunderten von Hinweisen nachgegangen, hatte unzählige Zeugen befragt, Tag und Nacht ermittelt. Doch um ein Haar hätte man den Killer wieder laufen lassen.

Nicht nur das: Plötzlich will jeder der Erste gewesen sein, der den Mann erkannte, nach dem seit Wochen ergebnislos gesucht wurde. Dass er freiwillig zum Polizeirevier kam, scheint nur noch Robert Maudsley selbst zu wissen. Die Presse jedenfalls hat davon keine Ahnung: Am nächsten Tag steht in allen Zeitungen, dass es gelungen ist, die Bestie festzunehmen. Natürlich auf Grund umfangreicher und intensiver Ermittlungen. Die höchsten Beamten von Scotland Yard scharen sich um die Fernsehkameras. Sondersendungen werden beinahe rund um die Uhr ausgestrahlt. Ganz England hat nur noch ein Gesprächsthema: die Festnahme des grausamen Killers.

Robert John Maudsley genießt inzwischen drei Mahlzeiten am Tag und die Wärme seiner Zelle. Die ganze Aufregung um seine Person bekommt er gar nicht mit. Die Zeitungen übertreffen sich gegenseitig in dem detailgenauen Wissen über sein Leben. Seine Verwandten, vom Geld der Journalisten weich geklopft, erzählen mehr aus seinem Leben, als er dies selbst hätte tun können.

»Nur seiner Jugend hat er es zu verdanken, dass die internationale Presse nicht noch stärker auf seine Person eingeht. Man will das Leben eines so jungen Menschen nicht zerstören. Niemand will ihn aus der Gesellschaft ausgrenzen. Man will ihm noch eine Chance geben, damit er nicht nur als Mörder abgestempelt wird.«

Solch heuchlerische Schlagzeilen sind an der Tagesordnung. Doch das Foto von Robert Maudsley drucken dieselben Blätter ohne Balken über die Augen ab – je größer, desto besser.

Robert John Maudsley findet derweil keine Ruhe in seiner Zelle. Täglich wird er stundenlang von Scotland Yard vernommen. Jeder Beamte versucht aus Robert mehr herauszubekommen als der Kollege vorher.

»Doch dabei bekam ich immer eine Cola und was Gutes zu Essen. Auch Zigaretten hätte ich bekommen, aber ich rauche ja nicht«, erzählt er später freudig. »Mich ärgerte aber, dass fast jeder Beamte, der mich vernommen hat, mir die Bilder des Mannes zeigte, den ich getötet hatte. Das war eklig. Ich wollte diese Bilder doch gar nicht sehen. Als ich ihn tötete, war es Nacht, und diese Bilder sind alle mit Blitzlicht gemacht. So wie auf den Bildern habe ich den Mann nie gesehen.«

Maudsley wird psychiatrisch untersucht

Scotland Yard schließt die Ermittlungen ab und übergibt den geständigen Täter an die Psychiater.

»Das war eine schöne Zeit in diesen Kliniken«, erzählt Maudsley später. »Ständig bekam ich gutes Essen und wurde gut behandelt. Nicht so wie in der Zelle. Die waren alle ganz nett zu mir, die Herren in den weißen Kitteln. Sie fragten und fragten und ließen mich stundenlang erzählen. Das ging so über Wochen. Leider verging die Zeit trotzdem viel zu schnell. Aber die haben mir versprochen, dass ich bald wieder zu ihnen in die Klinik kommen darf. Darauf freue ich mich sehr.«

»Unbehandelbar«

Monate vergehen, bis auch Polizei und Staatsanwaltschaft die Ermittlungen abgeschlossen haben und die Anklageschrift Maudsley zugestellt wird. Erschrocken und verständnislos liest Maudsley, dass man auf Grund der umfangreichen psychiatrischen Gutachten zu der Erkenntnis gekommen ist, dass er an einer unbehandelbaren Persönlichkeitsstörung leidet.

Selbst ein Robert Maudsley weiß sofort, was dies bedeutet: »Unbehandelbar!« Damit kommt eine Einweisung in eine psychiatrische Klinik nicht in Frage.

Des Weiteren steht in dem Gutachten: »Eine Unbehandelbare Persönlichkeitsstörung wird im ›Mental Health Act‹ definiert als ›ständige Störung oder Unfähigkeit des Geistes, die sich in ungewöhnlich aggressivem oder ernsthaft unverantwortlichem Verhalten äußert.‹«

Maudsley zeigt das Papier einem Mitgefangenen, von dem er glaubt, dass dieser den Sachverhalt besser versteht als er. Der Mann sitzt wegen Mordes ein, was ihn in Maudsleys Augen zur Beratung qualifiziert.

Schon am nächsten Tag erhält er die Beurteilung: »So wie ich das sehe, will die Staatsanwaltschaft nur ein Urteil erreichen, und das ist lebenslänglich.«

Robert ist vollkommen schockiert. »Lebenslänglich?«, fragt er ungläubig den Kollegen.

»Die Staatsanwaltschaft ist der Meinung«, bekommt er zu hören, »dass du zum Zeitpunkt der Tat voll zurechnungsfähig warst. Außerdem ist sie der Ansicht, dass du nach dem Erwachsenenstrafrecht zu verurteilen bist und nicht nach dem für Jugendliche.«

»Und was heißt das?«, will Maudsley wissen.

»Dass du für immer im Knast gelandet bist. Stell dich darauf ein, die Freiheit wirst du so schnell, wenn überhaupt, nicht wieder sehen. Die wollen dich in die Pfanne hauen, für den Rest deiner Tage, hast du verstanden?«

Robert Maudsley nimmt diese vernichtenden Sätze wortlos zur Kenntnis. Er wendet sich ab und wartet in einer stillen Ecke auf das Ende des Hofgangs. Immer wieder zuckt es durch sein Gehirn: Lebenslänglich! Er denkt an die Worte des Psychologen: »Wir werden uns bald wieder sehen, und dann bleiben Sie sehr lange bei uns. Sie sind krank, sehr krank. Deshalb werden wir versuchen, Ihre Seele und Ihren Geist wieder ins Gleichgewicht zu bringen.«

Als die Glocke schrillt, beeilt sich Maudsley, um als Erster in den Zellengang gelassen zu werden. Wortlos lässt er sich in seine Zelle bringen. Er setzt sich an den kleinen Tisch und hält die dicke Anklageschrift in Händen. Er liest nur immer wieder die erste Seite mit seinem Namen und denkt an die Worte seines Mitinhaftierten.

»Lebenslänglich«, ständig wiederholt er dieses Wort und

ist froh, als der Abend hereinbricht. Schon sehr früh – das Licht wurde noch nicht ausgeschaltet – geht er an diesem Tag zu Bett. Doch er kann nicht einschlafen. Ruhelos wälzt er sich von einer Seite auf die andere. Will seine schwarzen Gedanken verdrängen, doch es gelingt ihm nicht. Über Stunden bleibt er wach und blickt auf das vergitterte Fenster. Wochen darauf erhält er von dem zuständigen Gericht den Termin zur Hauptverhandlung. Er hat Angst. Das Warten auf den Tag der Entscheidung will kein Ende nehmen.

Der Tag der Entscheidung

»So, Maudsley, nun bekommst du deine Quittung«, ruft am Tag X ein Beamter in seine Zelle.
»Und dass du dich ja ordentlich rasierst«, verhöhnt er ihn.
»Sonst bekommst du erst recht einen Daueraufenthalt im Knast. Die Richter mögen keine Penner wie dich.«
Robert bekommt sein tägliches Frühstück, doch er kann keinen einzigen Bissen hinunterschlucken. Er wartet nur darauf, dass sich die Zellentür öffnet und er zum Gerichtsgebäude gebracht wird. Als er einen nochmaligen Blick auf seine Unterlagen wirft, verliert er die Nerven. »Nicht lebenslänglich«, schreit er, doch niemand will ihn hören. Lange genug hatte er versucht, ruhig zu bleiben. Sogar die Fragen des Gerichts hat er zu erraten versucht und darauf passende Antworten vorbereitet. Doch jetzt ist sein Kopf leer. Dann öffnet ein Beamter seine Zelle. Maudsley geht langsam auf ihn zu und lässt sich wort- und widerstandslos die Handschellen anlegen. Als man ihn aus der Zelle führt, sieht er, dass noch drei weitere Beamte auf ihn warten, um ihn zu begleiten.
Man führt Maudsley in den Gefängnishof, wo bereits ein

vergitterter Transportwagen für die kleine Gruppe bereitsteht. Kurz darauf schließt sich das schwere Gefängnistor hinter ihnen, und der Fahrer nimmt Kurs auf die Innenstadt. Maudsley hat Magenbeschwerden vor Aufregung. Doch das rege Treiben in der City beobachtet er sehr genau.

»Wie lange ist es her, dass ich frei war. Würde ich mich nur in diesen Menschentrauben befinden«, denkt er sich. Doch ein Blick auf die ihm gegenübersitzenden Beamten, auf seine Handschellen und auf die vergitterten Fenster des Autos lassen ihn alle aufkommenden Fluchtgedanken schnell vergessen. »Vielleicht werde ich dieses Bild nie wieder sehen. Vielleicht lebenslänglich auf keiner Straße mehr gehen.« Robert wird von nacktem Entsetzen gepackt. Plötzlich tritt der Fahrer des Gefangenentransports abrupt auf die Bremse. Die Beamten sehen aus den vergitterten Fenstern, können aber nichts erkennen. Gebieterisch herrscht einer von ihnen den Fahrer an. Sie können nicht verstehen, warum der Fahrer mitten auf der Strecke anhält, und befragen ihn: »He, was ist denn los? Wieso hältst du mitten auf freier Strecke?«

»Schau mal nach vorne«, antwortet der. »Siehst du nicht die Menschenansammlung vor dem Gericht?«

Die Polizisten schauen zur Frontscheibe hinaus und erkennen die unzähligen Menschen, die sich auf dem Platz vor ihnen versammelt haben.

»Wahrscheinlich alles Presse- und Fernsehleute«, vermutet einer der Beamten.

»Fahren wir lieber zum Hintereingang, das ist sicherer«, beschließt der Fahrer. Er biegt in die nächste Seitenstraße ein, die zu einem Nebeneingang des riesigen Gebäudes führt. Die Beamten atmen tief durch, als sie bemerken, dass dieser Eingang von keinem Journalisten belagert wird.

Über einen Sicherheitsgang wird Maudsley zum Gerichtssaal gebracht. Je näher er ihm kommt, desto nervöser wird
er. Das verstehen sogar die Beamten. Alle wissen, welches
Urteil über dem Angeklagten schwebt.

Kaum haben sie den Geheimgang verlassen, treffen Maudsley und seine Eskorte in dem frei zugänglichen Teil des Gebäudes auch schon auf die Reporterschar, die sich längst
vor dem Eingang zum Gerichtssaal breit gemacht hat. Die
Beamten bilden einen Kreis um Maudsley. Ein unglaubli-
ches Blitzlichtgewitter bricht über die Gruppe herein. Dutzende von Mikrofonen werden Robert Maudsley ins Gesicht gehalten, hundert Fragen prasseln gleichzeitig auf
ihn ein. Jeder Reporter will wenigstens ein paar Worte des
Mannes auf Band haben, der in der Presse wochenlang als
blutrünstige Bestie bezeichnet wurde.

Die Polizisten sind überfordert und blicken Hilfe suchend
nach allen Seiten. Da ertönt plötzlich eine Stimme aus dem
Hintergrund: »Zurücktreten, meine Herren. Nun machen
Sie schon Platz, oder wir lassen den Gang räumen.«

Die Gerichtswache bahnt sich einen Weg durch die Jour-
nalistenmeute. Sicher haben diese Staatsdiener keine
Erfahrung mit Sensationsprozessen, sonst hätten sie den
Gang rigoros mit Absperrungen versehen.

Aber wer will es den Reportern auch verdenken, dass sie
ihre Beute nicht mehr loslassen wollen. Jeder möchte
seinen Artikel mit Fotos oder Zitaten des Ungeheuers
schmücken. Doch als die Beamten ihre Drohung wieder-
holen, löst sich der Kreis auf, und die kleine Gruppe um
Maudsley kann ungehindert weitergehen. Die Presseleute
wissen, dass die Wachleute den Gang komplett sperren
würden, kämen sie der Aufforderung zurückzutreten jetzt
nicht nach. Und dann würde keiner mehr ein Bild von
Maudsley nach dessen Verurteilung bekommen.

Wenige Meter vor der Tür zum Gerichtssaal stößt die Gruppe um Maudsley plötzlich auf einen Gerichtsdiener. »Auf Anordnung des Gerichts muss der Gefangene zunächst in die Sicherheitszelle da vorne im Flur gebracht werden«, verkündet dieser. »Der Termin für den Beginn der Hauptverhandlung wurde verschoben. Der Vorsitzende Richter ist außer sich«, berichtet er weiter. »Stellen Sie sich vor, fast wäre der ehrwürdige Lord nicht zu seinem Büro gekommen. Überall Reporter, beklagte er sich mehrmals lauthals. Keinerlei Sicherheitsvorkehrungen seien getroffen worden. Obwohl jeder im Haus hätte wissen müssen, welchen Rummel dieser Fall auslösen würde.«
Der Gerichtsdiener schlägt die Hände über dem Kopf zusammen. »Ein solches Chaos und eine solche Schlamperei hat es noch nie gegeben, seit ich hier beschäftigt bin. Man braucht sich nicht zu wundern, wenn der Vorsitzende Richter sehr verärgert darüber ist«, fährt er mit unvermitteltem Eifer fort. Vor einer riesigen Holztür bleibt er schließlich stehen: »So, da wären wir.« Er öffnet die Tür und betritt den Raum dahinter. Dort befinden sich lediglich drei Zellen. Vom Fußboden bis zur Decke grenzen dicke Eisenstäbe die Verliese voneinander ab.
»Am besten steckt ihr ihn in die linke Zelle«, ordnet er an. Dabei holt er seinen Schlüsselbund hervor und öffnet die schwere Eisengittertür. Geräuschvoll fällt sie ins Schloss, und Robert Maudsley ist wieder allein. Kein Stuhl, kein Tisch befindet sich in der Zelle. Nur eine Deckenleuchte spendet ein wenig schummriges Licht. Als die Beamten den Raum verlassen, wirkt er völlig hilflos.
Er betrachtet die unzähligen Sprüche an der Wand neben sich. Ein Kommentar lässt ihn zusammenzucken: »Alles ist vergänglich, auch lebenslänglich.«

Noch immer hält Maudsley seine mitgebrachten Unterlagen unter dem Arm. Seine klobigen Hände umklammern die Gitterstäbe. Er schaut auf die Tür, durch die man ihn in Kürze führen wird. Er hofft, dass dieser Spuk bald ein Ende hat und er vor seine Richter geführt wird. Doch die Stunden vergehen, und es passiert nichts.

Endlich wird die Tür doch geöffnet. Vier Beamte treten ein und legen ihm durch das Gitter Handschellen an. Verwundert stellt Maudsley fest, dass man ihm nun auch Fußfesseln anlegt. »Was soll das denn«, beklagt er sich laut-stark. »Ihr wisst doch ganz genau, dass ich euch nicht weglaufe. Ich habe mich doch selbst gestellt.« Dabei blickt er ungläubig auf die Ketten, die seine Fußgelenke einschnüren. Er versucht, weit auszuschreiten, doch es gelingt ihm nicht. Die Fesseln sind so angebracht, dass er sich nur mit kleinen Schritten vorwärts bewegen kann.

»Das ist vom Gericht so angeordnet«, lautet der ganze Kommentar eines Beamten, und man spürt, dass ihm diese Entscheidung Freude bereitet.

Mühsam schleppt sich Maudsley durch den Gang. Die Beamten gehen mit ihm zur angegebenen Saalnummer. Der ranghöchste Beamte klopft vorsichtig an die Tür und wartet darauf, ein »Herein« zu hören. Noch einmal versucht er, die Aufmerksamkeit der Personen in dem großen Schwurgerichtssaal zu wecken. Wieder erhält er keine Antwort. Zögernd drückt er die Klinke herunter und blickt durch einen kleinen Türspalt. Noch nie hat er mit einem Gefangenen diesen Raum betreten. Es ist das größte Verhandlungszimmer des Gerichtes. Nach ihm betritt Maudsley den ehrwürdigsten Raum dieses historischen Gebäudes. Das Begleitpersonal wird angewiesen, neben Maudsley Platz zu nehmen.

Ehrfürchtig, sich nach allen Seiten artig verbeugend, setzt

sich Maudsley an den ihm zugewiesenen Platz. Er blickt auf die überfüllten Zuschauerplätze und lächelt verlegen. Maudsley stand schon einmal vor einem Gericht und kennt die Atmosphäre, doch was er hier vorfindet, überwältigt ihn. Alle Wände sind holzgetäfelt. Selbst die Decke besteht aus schweren Holzkassetten. Zu seinem Platz hat man Maudsley über endlose Holzstufen gebracht. Der ganze Ort erinnert ihn an einen hölzernen Käfig. Alle Plätze scheinen mehrere Meter über ihm zu sein. Er hat das Gefühl, sich in einer Arena zu befinden. Ängstlich betrachtet er die anwesenden Menschen. Der Saal flößt ihm Angst ein. Unglaubliche Angst. Er hört förmlich schon das Wort »lebenslänglich«.

Sein Rechtsanwalt, den er wegen der bis zur Schulter reichenden Perücke zuerst gar nicht erkannt hat, nimmt vor ihm Platz. Seinen Mandanten würdigt er keines Blickes. Schon auf den Gängen vor dem Gerichtssaal war er nur damit beschäftigt, den Reportern die richtige Schreibweise seines Namens beizubringen. Die Not seines Klienten kümmert ihn auch jetzt nicht.

Der Gerichtsdiener in Livree klopft mit seinem Stock dreimal auf den Boden; das hohe Gericht betritt den Saal. Maudsley erschrickt, als er die Vielzahl der Richter und Geschworenen sieht. Der Vorsitzende nimmt Platz und eröffnet die Verhandlung. Zunächst überprüft er, ob sich unter den Zuhörern tatsächlich nur Journalisten befinden und keine Privatpersonen. Denn bei einem Jugendprozess sind keine Zuschauer zugelassen. Als er dies bestätigt sieht, fordert er den Staatsanwalt auf, die Anklage vorzutragen. Während der gesamten, fast zweistündigen Verlesung der Anklageschrift hat der Vorsitzende Richter nur eine Person im Auge: Robert John Maudsley.

Das Gericht lässt Milde walten

Der Staatsanwalt lässt kein Detail aus: Jede Verletzung, die Maudsley seinem Opfer zugefügt hat, zählt er penibel auf. Er versucht, die Misshandlungen, die der Angeklagte in seiner Kindheit zu erdulden hatte, herunterzuspielen. Immer wieder verweist er auf die psychologischen Gutachten, die seiner Meinung nach keinen Anlass geben, mildernde Umstände in Betracht zu ziehen. Ja, er fordert das Gericht dazu auf, den Angeklagten nach dem Erwachsenenstrafrecht zu verurteilen. Tagelang wird einzig und allein über die Kindheit des Angeklagten gesprochen. Obwohl die Staatsanwaltschaft permanent versucht, diesem Aspekt etwas von seinem Gewicht zu nehmen, interessiert sich der Vorsitzende Richter dafür sehr. Immer wieder hakt er nach, wenn die Zeugen oder der Angeklagte selbst von schlimmen Erlebnissen berichten. Ihm ist offensichtlich sehr daran gelegen, den wahren Grund für Maudsleys Tat herauszufinden. Psychologen, die den Angeklagten für voll zurechnungsfähig erklärt haben, müssen sich herbe Kritik des Vorsitzenden gefallen lassen.

Die Verteidigung erkennt schnell, wie beeindruckt das Gericht von der entsetzlichen Kindheit dieses jungen Menschen ist. Maudsleys Anwalt versucht in seinem Schlussplädoyer, diese Situation zu nutzen. Immer wieder verweist er auf ein Gutachten, das seinem Mandanten eine »verminderte Zurechnungsfähigkeit« attestiert. Und er hat damit Erfolg. Das Gericht entscheidet sich, Robert John Maudsley noch einmal eine Chance zu geben. Zu den Gründen zählt es vor allem »eine Kindheit, die man sich schlimmer nicht vorstellen kann, und ein Elternhaus, das ihn zum Außenseiter in unserer Gesellschaft gemacht hat«. Mehrmals weist der Vorsitzende darauf hin, dass eigentlich ein anderer Mann auf diese Anklagebank gehört hätte: der Vater.

Robert John Maudsley wird zu einer Zeitstrafe verurteilt, deren Verbüßungsrahmen im Ermessen des Gerichts liegen und von Zeit zu Zeit überprüft werden soll.

»Es liegt nun an Ihnen selbst, wie Sie sich in der Strafanstalt verhalten und was Sie letztendlich aus dieser Chance machen«, ermahnt der Richter den Angeklagten.

Dass ein solches Urteil überhaupt möglich ist, liegt daran, dass der Richter Maudsley als Jugendlichen einstuft. Jeder Erwachsene hätte für diese Tat lebenslänglich erhalten.

»Der Anklagte in diesem Sensationsprozess ist nicht mehr der kleine Junge, dem man die Marmelade vom Brot nehmen will«, warnt der Staatsanwalt. »Er wird wieder morden, immer wieder.«

Nach dem Ende der Verhandlung wird der Staatsanwalt noch deutlicher: »Das Gericht war sehr gnädig in diesem Fall, glauben Sie mir. Ob dieser Mann diese für mich sehr geringe Strafe verdient hat − wir werden sehen. Ich glaube es nicht. Über Stunden habe ich mich mit dem Gerichtsmediziner auseinander gesetzt, der die Leiche des Opfers obduzierte. Auch er war der Meinung, wenn ein junger Mensch zu solch einer Tat fähig ist, die, milde ausgedrückt, einer Schlachtung gleichkommt, dann wird er es wieder tun.«

Der Ankläger kann die Milde des Gerichts nicht verstehen. In seinem Büro wirft er die Akte Maudsley wütend in eine Ecke. Die offensichtliche Niederlage in diesem für ihn so wichtigen Prozess macht ihm schwer zu schaffen. Auf die Frage seiner Sekretärin: »Na, wie ist es gelaufen, Herr Oberstaatsanwalt?«, antwortet er erst gar nicht.

Robert John Maudsley wird derweil zu dem bereitgestellten Transportwagen gebracht. Das Gericht hat dafür gesorgt, dass kein Reporter an ihn herankommt. Müde und ausgelaugt steigt er in das Auto, das ihn zurück ins Gefängnis bringen wird.

»Na, da kannst du dich aber nicht beschweren über dieses Urteil«, macht sich einer vom Begleitpersonal Luft.

Auch sein Kollege ist über das Strafmaß empört: »Von mir hättest du lebenslänglich bekommen.«

Robert sagt während der ganzen Fahrt kein Wort. Er ist froh, als er wieder in seiner Zelle sitzt. Er will jetzt nur allein sein, mit sich und seinem Urteil. Er setzt sich an den kleinen Tisch und stützt seinen Kopf in beide Hände. Seine dunklen Haare hängen ihm ins Gesicht, das von der Dauer des Prozesses schwer gezeichnet ist. Die vormals stechenden Augen haben jeden Glanz verloren. Mit seinen klobigen Fingern tippt er unentwegt gegen seine Stirn. Er schüttelt den Kopf, als könne er das alles nicht glauben. Er denkt darüber nach, was dieses Urteil, von dem er geträumt hat, jetzt für ihn bedeutet. Er kann sich sicher sein, dass er diesen verfluchten Ort irgendwann einmal als freier Mann verlassen wird. Er wird nicht bis an sein Lebensende eingesperrt sein. Er hat wieder eine Zukunft. Darauf hatte er nicht mehr zu hoffen gewagt. Lange bevor das Licht in der Zelle gelöscht wird, geht Robert John Maudsley zu Bett. Er will jetzt vergessen. Alles. Sein Urteil, seine Situation. Die Nacht soll seine kaputte Seele heilen.

Schon am nächsten Tag liest der Oberstaatsanwalt sich noch einmal die unzähligen Stellungnahmen zu Robert Maudsley durch. Er erinnert sich, was die befragten Psychologen über ihn denken. Dann holt er deren Gutachten noch einmal hervor und liest: »Robert John Maudsley ist zu einem perfiden, eiskalten Scheusal geworden, das sich vermutlich in seiner Identität als Mensch nicht mehr zu Hause fühlt. Seine Psyche darzulegen, gar zu verstehen, wer kann dies von sich behaupten? Viele Psychiater haben dies zumindest versucht. Doch sein Denken und Handeln ist mit den Kriterien der Psychologie einfach nicht zu begreifen. Robert John Maudsley lebt nach seinen eigenen Gesetzen. Seine Schranken hat er bis heute nicht erkannt.« Ist der Angeklagte also ein Monster ohnegleichen, eines, dessen kindlich naive Züge zusätzlich verwirren? Wie so viele Serienkiller hat auch er in seiner Kindheit Dinge erlebt, die eine kindliche Seele nicht ertragen kann. Stets war er auf der Suche nach einem Weg, die erlebten Demütigungen zu bewältigen. Er wollte es seinem Peiniger irgendwie heimzahlen und tat dies stellvertretend an anderen. So hoffte er die Ich-Schwäche zu vertuschen, die sein Vater verschuldet hatte. Doch damit festigte er seine Außenseiterrolle nur, in den Heimen, in der Schule, überall.

Gehänselt und verlacht wegen seines Lispelns, gedemütigt von Kindern wie von Erwachsenen, so lebte er tagaus, tagein. Sein Vater hatte immer nur Geld für Spirituosen, nie für seine Kinder. Seine Mutter duldete dies – und das wirft er ihr heute noch leise vor. Immer wieder hört er voller Entsetzen das Knarren seiner Kinderzimmertür. Nachts, als alle schliefen, der Vater sich wieder einmal durch die Tür in sein Leben schlich und sich mit keuchendem, ja hechelndem Atem auf seinen kleinen Körper warf, der sich schließlich unter Tränen und Schmerzen der Macht und Stärke des Vaters ergab.

In Broadmoor

Robert Maudsley, gerade einmal 20 Jahre alt, bescheinigt man, an einer unbehandelbaren Persönlichkeitsstörung zu leiden. Hätten die Psychologen festgestellt, dass er auf psychiatrische Hilfe angewiesen sei, so wäre er nach den geltenden Gesetzen von 1983 in einem Krankenhaus untergebracht worden. Aber nach dieser Diagnose muss er mit seiner Krankheit alleine fertig werden. Alle befragten Psychiater sind sich einig. Daher beschließt das Gericht, ihm eine verminderte Zurechnungsfähigkeit zu attestieren. Doch das Gericht schiebt Maudsley nicht einfach in ein Gefängnis ab. Entgegen aller Ratschläge von Seiten der Psychiater und des Staatsanwalts gibt man ihm noch einmal eine Chance. Zur Überraschung aller weist das Gericht ihn in die Abteilung für psychisch kranke Straftäter im Gefängnis von Broadmoor ein. Hier fühlt er sich als Patient und nicht als Häftling, wird er später einmal schreiben.

Die Länge seiner Haftzeit wird allein durch sein Verhalten in diesem Haus bestimmt. Die Richter halten das zu verbüßende Strafmaß offen. Man will diesem jungen Menschen trotz allem nicht seine gesamte Zukunft verbauen. Psychologen sollen dabei helfen, ihn wieder in die Gesellschaft einzugliedern.

Bei Mord sind die Bedingungen für eine vorzeitige Haftentlassung sehr hoch gesteckt. Im Sicherheitskrankenhaus von Broadmoor obliegt die Beurteilung des Patienten allein der Anstaltsleitung sowie den Psychologen, die täglich mit ihm zu tun haben, oder zumindest zu tun haben sollten. Denn glaubt man Robert John Maudsley, so hat er seinen Psychologen nur alle drei Monate gesehen, und dann nur für ein kurzes Gespräch. In seinem ersten Gutachten beschreibt ihn dieser Psychologe als »harmlos, weich wirkend und doch hoch intelligent«.

Im Gegensatz zu den meisten hier einsitzenden Gefangenen befindet Robert sich zum ersten Mal in einer Strafvollzugsanstalt. Auf die meisten Mithäftlinge macht er einen eher zurückhaltenden Eindruck. Seine Tat siedelt ihn davon unabhängig weit oben in der Gefängnishierarchie an. Davon hat Robert allerdings keine Ahnung. Man achtet ihn, gerade weil er ein so scheußliches Verbrechen begangen hat.

Doch durch seine Tat ist er in eine Hierarchie aufgestiegen, von der er noch nichts ahnt. Man verehrt ihn als den »Schwulen-Killer«. Homosexuelle gelten in diesen Kreisen wenig. Man verhöhnt, ja bespuckt diese »Schwuchteln und Tunten«, vergewaltigt sie unter der Dusche.

»Man hat eigentlich gar nichts davon, es macht nur Spaß, sie vor allen zu erniedrigen. Sie haben es doch nicht anders verdient, diese Kinderschänder.« So lautet der Kommentar eines Lebenslänglichen.

Alle, die nicht hart zu sich selbst oder gegen andere sind, werden als »Memmen« oder »Tunten« bezeichnet. Dieser Einstellung verdankt Robert die zahlreichen Sympathiebekundungen. Denn er hat nicht irgendeinen Menschen umgebracht, sondern, der innerhalb der Gefängisgesellschaft zur untersten Kaste gehört, einen angeblichen Kindesverführer. Ob dies den Tatsachen entspricht, weiß niemand. Es reicht, dass alle sich dessen sicher sind.

Robert Maudsley muss nicht im geringsten Sorge dafür tragen, dass man ihn anerkennt. Die Medien haben ihm diese Arbeit längst abgenommen. Je grausamer die Details des Verbrechens sind, die sie so genüsslich ausbreiten, desto höher steigt er in der Rangordnung des Gefängnisses. Hinzu kommen seine Größe und sein Aussehen.

Robert flößt Furcht ein. Und die zum Teil noch sehr jungen Häftlinge suchen einen Leitwolf. Diebe werden verachtet, gesucht werden Gefangene wie Robert, Männer, die einen anderen Menschen mit bloßen Händen getötet haben. Anfangs bekommt der einfältige Maudsley seine Sonderposition jedoch gar nicht mit. Man spricht über ihn nur hinter vorgehaltener Hand. Aber langsam fällt es ihm auf, dass er von den »Hauseln«, wie die Hausarbeiter im Gefangenenjargon genannt werden, bei der Essenausgabe stets eine größere Portion als die anderen erhält.

»Ich dachte, das hätten die wegen meiner Größe getan«, sagt er später.

Doch selbst als sich immer mehr Günstlinge um ihn scharen, nimmt Maudsley die ihm aufgedrängte Chefrolle nicht an. Er zieht sich zurück, spricht fast mit niemandem mehr. Die Wärter sind sich sicher, dass er über seine Tat nachdenkt und ein neues Leben beginnen will. Viele glauben, dass er bald freigelassen wird.

»Ich war überzeugt, dass er sein Fehlverhalten eingesehen hat. Dass er darüber nachdenkt, was er getan hatte«, sagt später ein Beamter, der damals in Roberts Zellentrakt Dienst tat. Und er fährt fort: »Einen Mord habe ich diesem jungen Kerl sowieso nicht zugetraut. Schon gar nicht einen so brutalen.«

Solche Gedanken machen sich die Insassen nicht. Sie wollen sich an den Einzelheiten seines Verbrechens ergötzen, wollen mitfühlen, wie sich seine kräftigen Hände um den Hals seines Opfers schlossen.

In Scharen belagern sie ihn bei den täglichen Hofgängen, stellen Fragen und bekommen doch keine Antwort. Robert Maudsley will seine Ruhe und nicht ständig daran erinnert werden, warum er hier einsitzen muss. Er genießt es, im Krankenhaus seine Strafe abbüßen zu dürfen und nicht in einem der berüchtigten Hochsicherheitsgefängnisse der Insel. Psychologen wie Wachleute nehmen an, dass Robert Tag für Tag an Reife gewinnt, dass er sich darüber klar wird, wie er zu einem Mörder werden konnte. Doch während er seinem Vater die ganze Schuld gibt, nimmt er seine Mutter in Schutz. Dabei weiß er nur zu gut, dass keine Mutter der Welt die nächtlichen Vergewaltigungen überhören konnte. Auch sein verweintes Gesicht am Morgen musste ihr auffallen.

Man fragt ihn: »Haben Sie nie mit Ihrer Mutter darüber gesprochen, was Ihnen Ihr Vater in den Nächten angetan hat?« Seine Antwort bleibt stets die gleiche: »Sie ist meine Mutter, was soll ich dazu sagen. Ich glaube, sie hat mich trotz alledem geliebt. Vielleicht hat sie es mir wegen der vielen Kinder nicht zeigen können. Vielleicht war es die Armut, in der wir aufgewachsen sind, ich weiß es nicht.«

»Wissen Sie«, fügt er dann meistens noch an, »wirklich gut ist es mir erst in den verschiedenen Heimen ergangen. Hier wurde ich wenigstens nicht geschlagen. Zum ersten Mal in meinem Leben habe ich drei warme Mahlzeiten am Tag bekommen. Wir konnten uns alle richtig satt essen, bekamen im Winter warme Kleidung. Das kannten meine Geschwister und ich bis zu diesem Zeitpunkt nicht. Früher war unsere Kleidung sommers wie winters die gleiche. Meist hatten wir nicht einmal Schuhe.«

»Und doch.« Seine Stimme wird plötzlich sehr leise: »Ich sehnte mich nach einem Zuhause. In diesem Heim waren meist nur Kinder, die keine Eltern mehr hatten. Ich war mächtig stolz darauf, noch Eltern zu haben. Auch wenn sie mich im Augenblick nicht zu Hause haben konnten, ich bildete mir ein, weil sie einfach kein Geld hatten. Aber ich wusste, ich habe Eltern. Das machte mich mächtig stolz gegenüber den anderen Kindern im Heim.«

90

Schlechte Freunde

Robert ist mit zwei weiteren Gefangenen in einer Zelle untergebracht. David Francis und Bill (sein wahrer Name darf nicht veröffentlicht werden) verstehen sich gut mit ihm. Selten gibt es Streit. Höchstens mal beim Dart, jenem Wurfspiel, bei dem mit kleinen stumpfen Pfeilen von einem bestimmten Punkt aus auf eine runde Scheibe geworfen wird. Je näher man dabei dem Mittelpunkt kommt, umso höher ist die erreichte Punktzahl.

Klar, dass jeder der drei gewinnen will, geht es doch jeweils um eine Zigarette pro Spiel. Mal wird die Abwurfgrenze überschritten, mal mogelt man an der Zielscheibe. Natürlich wird nicht mit Originalmaterial gespielt. Gefangene mit Pfeilen auszustatten ist undenkbar. Bemalte Zettel mit einfachen Bleistiften zu bewerfen hält man dagegen für ungefährlich. David ist unter den dreien der König des Spiels, und seine Zellengenossen beneiden ihn darum.

Aber Dart dient auch anderen Zwecken: Robert merkt, wie Bill mit ihm immer wieder über den Mord sprechen will. Er versucht ihn auszuquetschen, und das gefällt Robert zunächst überhaupt nicht. Doch Bill lässt nicht locker, will jede Einzelheit wissen. Robert braucht nicht einmal zu übertreiben. »Das werde ich auch einmal mit so einem Haufen Dreck machen, wenn ich wieder in Freiheit bin«, brüstet Bill sich danach regelmäßig.

Interessiert nimmt es Robert zur Kenntnis. Schließlich rückt er mit einem Vorschlag heraus: »Das kannst du doch auch hier tun, dazu brauchst du doch nicht erst zu warten, bis du draußen bist.«

So viel Mordlust schockt selbst Bill: »Hast Recht, aber das muss ich mir noch gut überlegen.«

Robert insistiert: »Überleg es dir, ich bin dabei. Brauchst

mir nur zu sagen, wann und wer. Natürlich kommt nur ein Kinderschänder in Frage, sonst habe ich keine Lust dazu. Das verstehst du doch, oder?«

Fortan gibt es für die beiden kein anderes Thema mehr. Sie planen einen Mord! Und der soll grausamer und schrecklicher sein als derjenige an John Farell. In ihren Phantasien hecken sie immer teuflischere Quälereien aus. Sie wollen Blut sehen, so viel wie ein menschlicher Körper nur hergibt. Sie wollen einen Menschen sich winden sehen vor Schmerzen, sie wollen ihn schreien und um sein Leben betteln hören.

Man schreibt den September 1976. In wenigen Tagen soll es so weit sein. Die beiden wissen, dass am Wochenende der günstigste Zeitpunkt ist. Dann haben die meisten Beamten frei, nur wenige schieben Dienst.

Niemand soll sie in ihrem Blutrausch stören. Sie wollen ihre Tat bis zur Neige auskosten, hoch erhobenen Hauptes wollen sie das blutrote Banner des Todes tragen.

Bills Schlaf wird immer unruhiger, er träumt bizarre Dinge. Oft wacht er am Morgen schweißgebadet auf. Er sieht sich schon als der große Killer. Jede Zeitung wird über ihn schreiben. Er träumt davon, endlich jemand zu sein in diesem Haus der gefährlichen Komplexe. Jemand wie Robert Maudsley. Tagsüber will jeder in Broadmoor den anderen übertreffen, cooler sein, brutaler, gewissenloser. Nachts zeigen die meisten ihr anderes Gesicht. Dann schreiben die Mörder und Vergewaltiger Gedichte im Licht selbst gebastelter Kerzen, herzzerreißende Briefe an ihre Freunde und Eltern, in denen sie ihr Leid schildern, davon erzählen, wie sie unter dem Druck des Gefangenseins zusammenzubrechen drohen, und gestehen, dass sie nur eins wollen: zurück in die Freiheit.

92

Der lang ersehnte Tag bricht an

Robert Maudsley steigt verschlafen aus seinem Bett und geht zum Waschbecken, um seine Morgentoilette zu verrichten. »Du musst ein wenig warten, ich bin noch nicht ganz fertig«, entgegnet ihm David, der Frühaufsteher, dessen Reinlichkeitswahn Robert schon immer auf die Nerven gegangen ist. Robert genügen in der Regel fünf Minuten, David braucht weit mehr als eine halbe Stunde. Deshalb hat er sich angewöhnt, sehr früh aufzustehen. Er war es leid, sich ständig die Vorwürfe seiner Zellengenossen anhören zu müssen: »Schau, dass du von dem Becken wegkommst, jetzt bin ich an der Reihe. Du stehst bestimmt schon wieder eine Stunde vor dem Spiegel.«
David lässt sich auf keine Diskussion ein und räumt wortlos das Feld. Wie jeden Tag ordnet er die Sachen sorgfältig in seinen Toilettenbeutel und geht zum Schrank.
»Blödmann«, sagt er noch, doch Robert kann es wegen des Wassergeräusches nicht hören.
»Hey, Robert, nun darfst aber auch du Platz machen, heute ist mein Tag«, meldet sich Bill aus seinem Bett. Offensichtlich ist er bei guter Laune, obwohl er in dieser Nacht nicht viel geschlafen hat.
Robert blickt in Richtung Bill und erwidert ebenso launig: »Du hast wohl auf der Boxerzeitung geschlafen? Warte gefälligst, bis ich fertig bin!«
»Weißt du nicht, was für ein Tag heute ist? Heute ist der Tag der Tage«, erinnert Bill seinen Kumpel.
»Hast wohl Geburtstag?«, mischt sich David ein.
»Im Gegenteil – heute ist Todestag!«, entgegnet Bill.
David wendet sich verständnislos ab, will gar nicht wissen, was das schon wieder heißen soll.
Bill wirkt aufgedreht wie selten. Springt aus seinem Bett

mit einem Elan, den man bei ihm nicht kennt, stellt sich neben Robert, stupst ihn vertraulich mit dem Ellenbogen an und fragt: »Du weißt wohl nicht mehr, welcher Tag heute ist?«

»Müsste ich das?«, entgegnet Robert genervt. »Natürlich, wir haben doch wochenlang darüber geredet. Jetzt ist der Tag angebrochen, an dem wir die Welt verändern.«

»Die Welt verändern. Wir beide?« Robert sieht ungläubig in den Spiegel.

»Na, kommt es langsam wieder in deinen Schädel rein, was für ein Tag heute ist?«, insistiert Bill.

Wütend sieht Robert seinen Zellengenossen an. Er kann es nicht fassen, wie der an diesem Morgen mit ihm redet. Er will sich schon umdrehen, um ihm eine zu kleben. Da fällt es ihm wieder ein, warum Bill so aufgeregt ist.

Plötzlich ist Robert hellwach. Heute will er zusammen mit Bill einen Menschen töten. Mit Bill, seinem Gehilfen, seinem Diener des Todes. Immer stärker kocht in ihm die Lust hoch, etwas Außergewöhnliches zu tun.

Er dreht sich zu Bill um und boxt ihm kumpelhaft gegen die Brust: »Bist wohl gut drauf heute, was?«

»Und wie«, erwidert der freudig.

Das Frühstück wird durch die Luke gereicht, die drei setzen sich einträchtig an den Tisch und schlürfen ihren Tee. Behutsam streicht David seine Marmeladenbrote. Dann siegt seine Neugierde doch: »Jetzt sagt schon, was ist denn heute für ein besonderer Tag? Kommt, lasst mich doch nicht dumm sterben. Hat jemand von euch Geburtstag?«

»Nein, heute ist Todestag«, wiederholt Bill.

»Für wen?« David kann nicht glauben, was Bill da redet.

»Na, ganz einfach. Den heutigen Tag wird einer in diesem Haus nicht überleben.«

»Seid ihr nun total übergeschnappt? Ihr habt doch keinen Mord geplant, oder?«

»Du wirst schon sehen, heute ist was los in dieser verdammten Kiste«, schaltet sich jetzt auch Robert ein.

»Ihr seid verrückt. Dann kommt ihr doch nie mehr raus aus diesem verdammten Loch.«

Damit steht David vom Tisch auf, räumt sein Geschirr weg und geht zu seinem Bett. Dann vergewissert er sich: »Ich werde noch ein wenig lesen. Ihr Verrückten habt ja heute wohl keine Lust auf Dart?«

»Nein, ganz sicher nicht«, antworten die beiden wie aus einem Mund.

»Oder vielleicht doch«, sagt Robert plötzlich in verändertem Tonfall und fügt dann hinzu: »Aber nur mit dir allein!« Die beiden am Tisch werfen sich verschwörerische Blicke zu, doch David hat sich längst in seine Zeitschrift vertieft und merkt nichts. Bill und Robert klatschen ihre Hände aneinander, wie zu einem Schwur. Dann stehen beide vom Tisch auf und gehen zu David ans Bett.

»Weißt du, wer heute sterben wird?«, fragt Robert.

»Nein, ihr Spinner, lasst mich in Ruhe mit eurem blöden Gerede. Heute ist Sonntag, und den will ich genießen.« Die Zellentür öffnet sich, der Wärter will das Frühstücksgeschirr holen: »Gleich ist Hofgang, ihr könnt euch schon mal fertig machen. Wir sind heute etwas früher dran.« Die Zellentür lässt er offen. Die drei Gefangenen gehen zu ihren Schränken, holen ihre Schuhe heraus und ziehen sich etwas Warmes über. Keiner spricht ein Wort, zu überrascht sind sie, dass sie jetzt schon in den Hof dürfen. Gemeinsam verlassen sie ihre Zelle und stellen sich auf dem Zellengang in Reih und Glied auf. »Abmarsch«, gibt der Beamte das Kommando. Über hundert Menschen setzen sich in Bewegung. Sie wollen nur eins: eine Stunde Bewegung, ein klein wenig Freiheit an der frischen Luft, eine einzige Stunde ohne Gitter.

Schnell sind die sechzig Minuten um, schrill ruft die Glocke zum Rückmarsch.

Im Blutrausch

Die Gefangenen werden wieder zu ihren Zellen gebracht. David setzt sich an seinen gewohnten Platz, immer noch hoffend, dass er Bill wenigstens zum Kartenspielen überreden kann. Da fordern seine beiden Zellengenossen ihn mit dramatischem Tonfall auf, wieder aufzustehen.

»Seid ihr verrückt geworden, was wollt ihr denn von mir?« David ahnt nichts Gutes. Verängstigt stellt er fest, dass Bill und Robert ihm den Weg zur Zellentür versperren.

»Wir werden dich jetzt töten. Du bist es nämlich, den wir für heute auserwählt haben. Denn du bist auch so ein Kinderschänder. Das wissen wir schon lange. Aber du wirst nie mehr ein Kind anfassen, das versprechen wir dir«, sagt Maudsley, und sein Tonfall ist dabei so widerwärtig mordlüstern, wie David das noch nie bei ihm gehört hat.

»Seid ihr jetzt total durchgeknallt, ich habe doch mit Kindern gar nichts am Hut. Ich werde bald entlassen, und dann gehe ich wieder zu meiner Verlobten zurück. Ihr seid doch krank im Kopf«, schreit David.

»Vielleicht«, erwidert Bill mit einem hämischen Grinsen. »Deine Braut ist wohl acht Jahre alt, oder? Ich verspreche dir, es wird keine Hochzeit geben. Mit keiner dieser Kinderbräute. Du perverses Schwein wirst kein Kind mehr vergewaltigen. Deine letzte Stunde hat geschlagen, mein Freund.«

»Das stimmt doch alles nicht, das wisst ihr beide ganz genau. Ich habe noch nie was mit kleinen Mädchen gemacht. Das könnt ihr mir glauben.« David spürt, wie ihm die Angst den Nacken hochkriecht.

»Ach, so einer bist du, du machst es wohl lieber mit kleinen Buben?«

Damit trifft Bill bei Robert einen wunden Punkt. Ein mächtiger Faustschlag trifft David am Kinn und streckt ihn zu Boden. Wie vom Blitz getroffen, bleibt er sitzen, fassungslos und mit schmerzverzerrtem Gesicht. Als er sich langsam wieder aufrappelt, trifft ihn ein Fußtritt erneut mitten ins Gesicht. Blut läuft ihm in den Mund. David fasst sich an die Wange und spürt die warme, klebrige Flüssigkeit. Noch immer begreift er nicht, was die beiden wirklich von ihm wollen. Raufereien gibt es ständig unter den Gefangenen, rast es ihm durch den Kopf, vielleicht hat er an diesem Morgen etwas falsch gemacht.

Er kennt die Geschichte Roberts aus tausend Erzählungen und kann nicht verstehen, wieso die beiden ausgerechnet ihn zu den Homosexuellen zählen. Er liebt doch nur Frauen. Wenn die beiden wüssten, was für erotische Briefe er nachts heimlich an seine Freundin schreibt. Sie würden ihn bestimmt nicht mehr als schwulen Kinderschänder bezeichnen. Dabei fällt David ein, wie eine seiner vielen Freundinnen einmal schwanger war und wie er sich darüber freute. Doch dann hat sie das Kind durch einen Unfall verloren. Damals dachte er, sie hätte abgetrieben und war maßlos enttäuscht. Er hatte sie deshalb sogar verlassen. Er konnte nicht verstehen, wie eine Frau so etwas tun konnte. Und jetzt soll er ein Kinderschänder sein.

»Ich kann euch nur nochmals versichern ...«, fängt er wieder an. Erneut trifft ihn ein Fußtritt mitten ins Gesicht. Heftig schlägt sein Kopf auf dem Boden auf, und Blut strömt aus einer Platzwunde am Hinterkopf.

»Ist er jetzt tot?« Bill ist ziemlich verunsichert.

»So schnell krepiert ein Mensch nicht«, klärt Robert ihn auf. Er sieht, dass Bill Angst hat. »Du bist ein Weichling. Was glaubst du, wie lange ein Mensch braucht, bis er stirbt. Hast du gedacht, das geht so schnell? Der Mensch ist zäh und hält einiges aus. Du hast noch viel zu lernen.«

Todesangst überfällt David, als er hört, wie die beiden über ihn reden. Plötzlich hat er keine Schmerzen mehr, will nur dem Tod entkommen. Mit einer Hand bedeckt er seine Wunden, mit der anderen versucht er, sich beim Aufstehen zu stützen. Robert will ihm gerade den Arm wegschlagen, als sich erneut die Klappe der Zellentür öffnet.

Mittagessen

»Mittagessenausgabe«, ruft der »Hausel«. »Was ist, habt ihr keinen Hunger?« Der Mann ist erstaunt, dass sich keiner blicken lässt. Das ist er nicht gewohnt, denn meistens werden die Gefangenen schon vom Geräusch des Küchenwagens an ihre Zellentüren gelockt.

Neugierig streckt der Helfer des Wachbeamten seinen Kopf durch die Luke. Schnell zieht er ihn wieder zurück und dreht sich zu dem Beamten hinter ihm um: »Die drei liegen hinten in einer Ecke. David ist voller Blut, die anderen sind über ihm.«

Vorsichtig lugt der erfahrene Beamte durch das offene Fenster, doch es ist niemand zu sehen. Er ruft in die Zelle: »He, ihr drei, sofort zur Tür kommen. Ich will euch sehen. Wenn ihr nicht sofort herkommt, hole ich das Rollkommando. Ihr wisst, was das bedeutet.«

»Schauen Sie noch einmal in die Zelle«, befiehlt er dem »Hausel«, der sich darüber gar nicht erfreut zeigt. »Na, nun stellen Sie sich mal nicht so an«, wird er zurechtgestaucht.

»Aber ...«, will er gerade beginnen, doch als er den vernichtenden Blick seines Vorgesetzten sieht, verkneift er sich jeden weiteren Protest. Kurz darauf meldet er: »Herr Wachtmeister, es ist noch immer die gleiche Situation. David liegt am Boden, die beiden über ihm. Maudsley hält David den Mund zu.«

»Machen Sie sofort die Klappe zu, nun machen Sie schon«, befiehlt der Beamte seinem Adlatus lautstark. »Essenausgabe unterbrechen, gehen Sie in Ihre Zelle, und schließen Sie ja die Tür hinter sich.«

»Selbstverständlich«, bekommt er prompt zur Antwort, und der Mann verschwindet zu seiner Zelle. Aber natürlich lehnt er die Zellentür nur an. Schließlich will er mitbekommen, was nun geschieht.

Aufgeregt ist der stark übergewichtige Beamte inzwischen zur Zentrale in der Mitte der Zellengänge gerannt. In einem Glaskäfig sitzt der leitende Vollzugsbeamte. Am Wochenende ist er der Herr des Hauses und für die Sicherheit des Gefängnisses verantwortlich.

Ohne Umschweife berichtet der kleine Beamte von dem Vorfall. Wer denn auf der Zelle liege, will sein Chef wissen. Als er den Namen Maudsley hört, werden seine Gesten hektisch.

»Öffnen Sie sofort die Luke der Zellentür, und versuchen Sie, mit den Häftlingen ins Gespräch zu kommen. Reden Sie beruhigend auf sie ein. Ich hole in der Zwischenzeit das Rollkommando.«

Per Funk beordert er die Beamten der schnellen Eingreiftruppe zur Zentrale. Da die meisten an diesem Tag frei haben, werden sie von der Hiobsbotschaft zu Hause überrascht. Viele Beamte haben eine Werkswohnung direkt neben der Anstalt und können schnell zusammengetrommelt werden.

»Ausgerechnet heute, wo ich Dienst habe«, murmelt der Beamte, der den Vorfall gemeldet hat, vor sich hin. Ohne Eile geht er auf Maudsleys Zelle zu.

Unter den dreien ist inzwischen die totale Hektik ausgebrochen. Noch immer liegt David verängstigt am Boden und fleht um sein Leben.

»Das ist dein sicheres Ende«, droht Robert ihm wutentbrannt.

»Lass ihn doch bitte am Leben«, versucht Bill ihn zu beruhigen. Der Mut zu töten hat Bill längst verlassen, genau genommen in dem Moment, als er sah, dass ein Mensch nicht nur durch ein paar Schläge stirbt.

»Robert, tu ihm bitte nichts mehr, ich will nicht, dass er stirbt«, fängt er an zu betteln.

»Ich sage, ich bin hingefallen und habe mich dabei verletzt«, redet David auf Robert ein.

Dessen blutunterlaufene Augen künden von unverminderter Wut. »Jetzt ist mir alles egal«, sagt er. »Aus diesem Scheißknast komme ich sowieso nicht mehr heraus, wenn das Gericht mich erneut verurteilt. Dann ist mein Leben kaputt, aber deines auch, du Weichei.«

Erneut schlägt Robert sein Opfer mehrmals mitten ins Gesicht. Bill versucht Robert daran zu hindern, was diesen nur noch mehr in Rage bringt. Wild springt er in die Höhe, packt Bill am Hemd und schreit ihn an: »Nochmals, wir ziehen das jetzt durch. Ich will diesen Kerl sterben sehen und sonst gar nichts. Was glaubst du, was hier in einer halben Stunde los ist? Weißt du eigentlich, was ein Rollkommando in einem Gefängnis bedeutet? Circa dreißig Beamte werden die Zelle stürmen, um uns hier herauszuholen. Und das mit Gewalt. Anschließend bekommen wir hausintern 28 Tage Dunkelhaft aufgebrummt. Dann entscheidet der Richter über uns.«

100

»Aber das ist doch immer noch besser als lebenslänglich. Vielleicht sagt David ja die Wahrheit, und er ist gar nicht homosexuell? Mich jedenfalls hat er noch nicht angegangen«, redet Bill ihm ins Gewissen.

»Du bist mir vielleicht ein Held. Zuerst redest du wochenlang davon, dass du einmal in deinem Leben einen Menschen töten möchtest, und dann, wenn es so weit ist, ziehst du den Schwanz ein. Entweder du machst jetzt mit, oder ich bringe euch beide um. Hast du mich verstanden?« Robert ist gar nicht mehr zu beruhigen.

Die Auseinandersetzung findet unmittelbar vor David statt, der nur noch darauf hofft, dass die Beamten bald eintreffen und dem Spuk ein Ende bereiten. Plötzlich hören die drei, wie sich ein Schlüssel in der Zellentür dreht. Mit einem Satz ist Robert am Tisch, nimmt ein Messer in die Hand und rennt zur Tür. Die Zellenluke geht krachend auf. Der Beamte sieht Maudsley mit dem Messer in der Hand dastehen. Beschwörend redet er auf ihn ein: »Maudsley, tun Sie jetzt nichts, was Sie später schwer bereuen würden. Nehmen Sie Vernunft an, und legen Sie das Messer aus der Hand. Stürzen Sie sich nicht ins Unglück. Ihre Strafe haben Sie doch bald abgesessen. Wenn Sie jetzt einen Fehler machen, kommen Sie hier nie mehr raus.«

Doch Robert ist nicht zu bremsen: »Kommt nur, ihr Dreckskerle, ich lege euch alle um. Mach doch die Tür auf, wenn du dich traust. Dann bist du gleich der Erste, der dran glauben muss!«

»Komm, sei vernünftig, Robert, wir hatten unseren Spaß. So ernst meinst du das doch auch wieder nicht«, fällt Bill ihm ins Wort. Dann drückt er David ein Taschentuch auf die Wunden. Inzwischen sind auch die anderen Gefangenen unruhig geworden. Natürlich haben alle mitbekommen, dass etwas Außergewöhnliches geschehen ist, denn das Geschrei war nicht zu überhören. Außerdem hätten sie längst ihr Mittagessen bekommen sollen.

Die Gelegenheit, einmal richtig »Bambule« (= Aufstand der Gefangenen in einem Gefängnis) zu machen, will sich keiner entgehen lassen. Ein Gefangener schlägt mit seinem Blechnapf gegen die Zellentür und brüllt unentwegt »Hunger«. Sofort findet er Nachahmer. Wie auf Kommando folgen ihm seine Kollegen, wie im Chor. Unglaublicher Lärm breitet sich aus. Ein Proteststurm erhebt sich im ganzen Haus. Hunderte von Gefangenen poltern an ihre Zellentüren und schreien »Hunger«. Die Situation scheint zu eskalieren. Die Beamten geben ihr Bestes, um wieder Ruhe einkehren zu lassen, doch niemand hört auf sie. So eine gelungene Abwechslung wollen die Häftlinge bis zur Neige auskosten.

Maudsley steht derweil noch immer mit dem Messer in der Hand und zu allem bereit in seiner Zelle. Er hört die Schlachtrufe, ergötzt sich an dem Geschrei, das er ausgelöst hat. Der Beamte vor der Tür sagt längst nichts mehr. Man hätte ihn sowieso nicht gehört.

David schöpft wieder Hoffnung. Der Lärm auf den Gängen lenkt Maudsley von seinem eigentlichen Vorhaben ab. Den Anmarsch des Rollkommandos bekommt er ebenso wenig mit wie Robert und Bill. Plötzlich stehen zwölf Mann vor der Zelle, einer befiehlt per Megafon: »Kommen Sie heraus, alle drei, mit erhobenen Händen. Sonst stürmen wir die Zelle.«

»Haut ab, sonst bringe ich beide um«, schreit Maudsley in einer Mischung aus Wut und Angst. Um seiner Forderung Nachdruck zu verleihen, packt er David an den Haaren, zerrt ihn zur geöffneten Zellentür.

Erschrocken sehen die Beamten, dass Maudsley David auch noch das Messer an die Kehle gesetzt hat.

»Ich schneide beiden die Kehle durch, wenn ihr nicht wieder verschwindet. Habt ihr das verstanden. Ihr wisst genau, ich meine es ernst.«

»Seien Sie vernünftig, Maudsley. Wenn Sie das tun, kommen sie hier nie mehr raus.« Die Polizei versucht Maudsley mit Logik beizukommen.

Doch Robert tut das als Gerede ab: »Das habe ich heute schon einmal gehört. Ich komme sowieso nicht mehr raus aus dieser Höhle, deshalb werde ich ein Blutbad anrichten. Dann werden auch die beiden hier die Freiheit nicht mehr sehen. So wie ich.«

Bill fährt erschrocken zusammen. Was meint Robert damit? Und dann fällt plötzlich auch noch die schwere Zellentür mit aller Wucht ins Schloss.

Perplex bleibt Robert mitten im Raum stehen, das Messer immer noch an Davids Kehle. Mit allem hat er gerechnet, nur nicht damit. Er kommt sich lächerlich vor, so dazustehen. Er lässt David los.

Bill findet den Mut, zu sprechen: »Komm Robert, lass uns die ganze Angelegenheit vergessen. 28 Tage Sonderbau werden wir auch noch überleben. Lebenslänglich jedoch sicher nicht. David hat mir fest versprochen, alles so darzustellen, als ob seine Verletzungen nur auf einen dummen Unfall zurückzuführen wären.«

»Und du Tölpel glaubst das auch noch. Der hat doch nichts Eiligeres zu tun, als uns zu verpfeifen. Er wird ihnen sagen, dass wir ihn umbringen wollten, und das bedeutet versuchter Mord, du Trottel. Für mich gibt es dafür nur eine Strafe, lebenslänglich, hast du mich gehört? Lebenslänglich.«

David, der noch immer wie erstarrt vor Robert steht, fragt vorsichtig: »Kann ich mir das Blut aus dem Gesicht waschen? Du kannst dich ganz auf mich verlassen.

Ich werde den Beamten erzählen, dass wir eine kleine Meinungsverschiedenheit hatten. Dabei habe ich mir die Verletzung zugezogen. Du wirst sehen, wenn ich das Blut abgewaschen habe, sieht alles nicht mehr so schlimm aus.«

»Lass mich in Ruhe«, antwortet Robert jähzornig. »Du brauchst dir das Blut nicht abzuwaschen. Ich werde dafür sorgen, dass du ausblutest. Ich werde dich zerschneiden, dich zerlegen wie ein Metzger ein Tier.«

Die Lage spitzt sich zu

Nicht nur David, auch Bill ist so entsetzt, dass er kaum noch klar denken kann. Robert ist völlig außer Kontrolle, wie auf einem Drogentrip. Aufgeregt zieht er seine Kreise in der Zelle. Plötzlich bleibt er vor Bill stehen, zerrt ihn am Hemd und droht: »Wenn du mir nicht helfen willst, dieses Schwein zu töten, wie wir es vorhatten, werde ich auch dich umbringen. Und zwar ganz langsam, haben wir uns verstanden?« Bill nickt nur.

In der Zwischenzeit spitzt sich die Lage im Gefängnis weiter zu. Ein Psychologe, der in die Anstalt gerufen wurde, um die Situation einzuschätzen, äußert sich pessimistisch: »Ich bin mir sicher, dass Maudsley ein Blutbad anrichten wird. Wir haben nur eine Chance, dies zu verhindern. Sie müssen einen sofortigen Zugriff wagen.«

Der Direktor der Anstalt ist geschockt. Er denkt daran, wie die Presse das Ereignis ausschlachten wird, ganz zu schweigen von der Unruhe, die in seinem Haus dadurch entstehen wird. Er beschließt, selbst mit Maudsley zu sprechen. »Ich werde versuchen, Zeit zu gewinnen. Sollte es zu Gewalttaten in der Zelle kommen, greifen wir unverzüglich ein.« Und zu einem seiner Beamten gewandt, sagt er: »Sie werden die Gefangenen keine Sekunde aus den Augen lassen.«

Der Wärter postiert sich vor der Zellentür und behält die Situation durch den Spion im Auge.

In den Nachbarzellen ist inzwischen Ruhe eingekehrt. Längst wird nicht mehr mit dem Blechgeschirr gegen die Wand geknallt. Die Inhaftierten wollen Wort für Wort mitverfolgen, was auf den Gängen gesprochen wird.

Der Gefängnisdirektor lässt erneut die Luke der Zellentür öffnen, tritt nahe heran, versucht den Amokläufer in ein Gespräch zu verwickeln: »Robert Maudsley, lassen Sie mich in Ruhe mit Ihnen sprechen. Sie kennen mich, ich bin der Direktor dieser Anstalt und bestimme alleine, was mit Ihnen geschieht, egal wie dieser Aufstand endet. Ich entscheide, welche Maßnahmen getroffen werden und welche nicht. Also lassen Sie uns in Ruhe darüber reden.«

»Es gibt nichts zu bereden. Ich werde dieses Schwein umbringen und damit basta.«

»Und dann? Was soll das bewirken? Allein um des Mordens willen ein lebenslanges Dasein in dieser Anstalt? Das kann es doch nicht sein, was sie wollen?«

Schockiert stellt der Direktor fest, dass Maudsley David erneut zu sich gezogen hat und ihm das Messer an die Kehle hält.

»Seien Sie doch vernünftig, Maudsley«, redet er auf ihn ein. »Ich halte es für das Beste, Sie überlegen sich alles noch einmal in Ruhe. Ich werde jetzt die Luke schließen, und Sie denken noch einmal über alles nach, okay?«

»Da gibt es nichts nachzudenken«, antwortet Maudsley, während sich die Luke schließt.

Hektik breitet sich auf dem Zellengang aus. Der Psychologe versucht den Direktor von seinem Plan zu überzeugen. Doch der will davon nichts wissen.

»Wir ziehen hier ab. Alle Beamten sofort in mein Büro.«
Von dem Befehl fühlt sich auch der Wächter am Türspion
angesprochen. Als der Direktor die Lagebesprechung beginnen will, sieht er diesen unter den Polizisten in seinem
Büro stehen.

»Ja, sind Sie denn von allen guten Geistern verlassen«,
fährt er ihn an. »Sie waren doch damit nicht gemeint, als
ich sagte, alle Beamten in mein Büro. Gehen Sie unverzüglich zur Zentrale, lassen Sie sich ein Funkgerät geben,
und halten Sie Wache an der Zelle. Wenn Maudsley ag-
gressiver wird, verlange ich sofortigen Funkspruch. Nicht
an die Zentrale, sondern direkt an mich. Haben wir uns verstanden?«

»Natürlich, sofort.« Der Beamte überschlägt sich schier in
seiner Dienstbeflissenheit.

Stundenlange Diskussionen zwischen Direktor und Psychiater beginnen. Die Parteien stehen sich unversöhnlich
gegenüber. »Zeit gewinnen, dann wird Maudsley von
allein mürbe«, so die Strategie des Direktors. »Sturman-
griff, koste es was es wolle«, sagt der Psychiater.

Der Direktor ruft über Funk die Zentrale an. »Alles
ruhig«, wird ihm geantwortet. Der Direktor will es genauer
wissen: »Kann es sein, dass wir ein technisches Problem
mit dem Beamten haben, der die Zellentür bewacht?«

»Nein, Herr Direktor. Wir haben keine Vorkommnisse aus
der Zelle zu melden. Diskussionen, Drohungen hin und
her, aber nichts Konkretes.«

»Danke, halten Sie mich auf dem Laufenden.«

Die untätige Warterei zerrt an den Nerven des Anstalts-
leiters. Er entschließt sich, seine Strategie zu ändern: »Wir
stürmen die Zelle«, gibt er den Befehl zum sofortigen
Angriff. Der Einsatz von Blendgranaten soll die Aktion in
wenigen Sekunden zum Erfolg führen.

In der Zelle herrscht weiterhin totales Chaos. Bills Rückzieher hat Maudsley, seinen wiederholten Drohgebärden zum Trotz, sehr verwirrt. Ein Wort gibt das andere, es ist ein ständiges Hin und Her.

Doch Maudsley markiert immer noch den starken Mann: »Bill, wenn du nicht mitmachst, töte ich auch dich! Also überleg es dir.«

Doch noch während er das sagt, sinkt sein Messer; Maudsley hat sich längst aufs Diskutieren verlegt.

Inzwischen stehen die Beamten vor der Zelle. Der Direktor probiert es ein letztes Mal auf die sanfte Tour: »Maudsley, kommen Sie zur Tür, ich kann Sie nicht sehen. Wir hatten jetzt beide genug Zeit, alles in Ruhe zu überdenken. Ich wiederhole, beide. Ich fordere Sie jetzt zum letzten Mal auf, die Sache friedlich zu beenden. Ich möchte, dass ihr alle drei mit erhobenen Händen die Zelle verlasst. Dann regeln wir die Bestrafung intern, ohne das Gericht zu verständigen. Sind Sie damit einverstanden?«

»Einen Dreck werde ich tun, ich habe mich entschlossen, David zu töten, und wenn Ihre Männer nicht wieder abziehen, steche ich ihm vor Ihnen die Augen aus.«

Maudsley zieht sein Opfer im Würgegriff vor die Luke. Um seine Entschlossenheit zu unterstreichen, richtet er das Messer unmittelbar auf Davids Augen.

»Maudsley, lassen Sie ab von ihren wahnsinnigen Phantasien. Das bringt doch alles nichts, Sie werden sich nur lebenslänglich im Knast wiederfinden.«

Dann lässt er die Luke wieder schließen, ohne die Antwort abzuwarten. Er hat gesehen, was er sehen wollte: »Maudsley ist ein Wichtigtuer. Die sind sich so uneins und dabei noch friedlich, wir warten ab. Die werden irgendwann freiwillig aufgeben.« Der Direktor kehrt damit zu seiner ursprünglichen Strategie zurück.

Maudsley gibt auf

Und er behält Recht: Nach Stunden werden die drei Gefangenen widerstandslos festgenommen. Maudsley und Bill werden in Sicherheitszellen gebracht, David Francis in eine normale. Robert John Maudsley sperrt man für 28 Tage, Bill für etliche Tage weniger in den Keller der Anstalt. Die Bedingungen sind hart: Nur jeden dritten Tag erhalten die Häftlinge warmes Essen, ansonsten das sprichwörtliche Wasser und Brot. Die Gefangenen dürfen nichts zu lesen mitnehmen und keine Musik aus den Lautsprechern hören. Die Einrichtung besteht aus einer Betonpritsche, einer Toilettenschüssel und einer Wolldecke. Natürliches Licht dringt nicht in die Zelle. Die Gefangenen können zwischen Tag und Nacht nicht unterscheiden. Nach Ablauf der Frist wird Maudsley in eine Einzelzelle gesteckt. Körperlich hat er die verschärfte Haft gut weggesteckt, seelisch wirkt er jedoch angeschlagen. Die Wärter sind sich sicher: »Von nun an werden wir vor diesem blutrünstigen Monster unsere Ruhe haben.«

Acht Monate später

Mai 1977. Robert Maudsley wird in wenigen Wochen 24 Jahre alt. Acht Monate sind vergangen, seit er gedroht hatte, David und Bill zu töten. Acht endlose Monate. Die schlimmste Zeit seit seiner Kindheit. Maudsley wurde verhöhnt, sein Ruhm als »Killer ohne Gnade« ist verblasst, er wurde verlacht wie damals im Heim. »Bist wohl doch nicht so kaltschnäuzig, wie du immer getan hast?« Sprüche wie diesen muss er sich nun täglich anhören.
Auch die Vollzugsbeamten glauben, er habe sich geändert. Maudsley wirkt müde und stets in sich gekehrt.

Nur der Anstaltspsychologe warnt davor, ihn zu unterschätzen: »Ich möchte Sie alle warnen«, sagt er bei einer Dienstbesprechung vor dem versammelten Wachpersonal. »Ich glaube nicht, dass Maudsley ein anderer Mensch geworden ist. Die ständigen Sticheleien seiner Mitgefangenen gehen nicht spurlos an ihm vorbei. Meiner Meinung nach sind sie sogar der Grund für seine Zurückgezogenheit und nicht etwa die Einsicht, falsch gehandelt zu haben. Es ist nur eine Frage der Zeit, bis seine Sicherungen wieder durchbrennen. Das Böse in ihm wird niemals sterben, davon bin ich überzeugt. Ich rate daher dringend, Maudsley in eine andere Strafanstalt zu verlegen. In einer neuen Umgebung muss er einer Therapie unterzogen werden, und sei es, dass man ihn zunächst nur ruhig zu stellen versucht.«
»Vielleicht haben Sie Recht«, antwortet der Direktor. »Ich werde alles Nötige veranlassen, um Robert Maudsley innerhalb der nächsten zwei Monate zu verlegen. Damit keine Unruhe aufkommt, wird er bis zu seiner Überführung nichts davon erfahren.«
Nur wenige Tage nach dieser Entscheidung wird Robert erneut gedemütigt. Ein Mitgefangener erzählt ihm, dass Bill sich ständig über ihn lustig macht. Wortwörtlich hätte er gesagt: »Ich glaube, Robert wollte sich damals nur wichtig machen. Mir hat er den großen Killer vorgegaukelt. Dabei hatte er die Hosen wahrscheinlich gestrichen voll, als wir David töten wollten. Ich wäre dazu bereit gewesen, aber er hat sich von den Beamten zur Aufgabe breitschlagen lassen. Dieser Feigling.«
Diese Worte treffen Maudsley bis ins Mark. Er weiß, dass er dadurch zum Gespött der gesamten Anstalt wird. Vom meist geachteten Häftling zum Waschlappen: Sein Ansehen befindet sich, wie in seiner Jugend, erneut auf dem Tiefpunkt. Er nimmt seinen Stuhl, stellt ihn vor das Fens-

ter und steigt schwerfällig hinauf. Sein Blick gilt der hohen Mauer, die das Gelände umgibt. Er betrachtet die Wachtürme, den Stacheldraht auf der endlos scheinenden Mauer und stellt sich die Freiheit dahinter vor. Monatelang hat er nicht mehr aus diesem Fenster hinausgesehen. Er wollte sich immer ersparen, etwas zu sehen, was ihm doch versagt bleiben würde.

Zum ersten Mal nach langer Zeit denkt Robert wieder an seine Familie. An seinen Lieblingsbruder Paul und an seine Schwestern. In der verdreckten Fensterscheibe glaubt er das Gesicht seiner Mutter zu erkennen. Er sieht sie lachen, obwohl sie selten einen Grund dazu hatte. Erinnerungen werden in ihm wach, an die wenigen glücklichen Momente seiner Kindheit. Ein sanftes Streicheln seiner Mutter, eine Umarmung – Robert sieht, wie seine Mutter ihn anlächelt, ihn in die Arme nehmen will. Sie ist zum Greifen nahe, er möchte ihr Gesicht berühren. Mit einem Mal lässt ihn die Kälte des Glases zurückschrecken. Robert John Maudsley weint! Endlose Tränen benetzen den Boden der grauen Zelle. Rückhaltlos gibt er sich seinen Gefühlen hin. Er spürt, dass seine Lage aussichtslos ist. Doch die verschwommenen Bilder der Vergangenheit bringen auch das Gesicht seines Vaters zurück. Er will es verdrängen, wegwischen wie ekligen Schmutz, doch es gelingt ihm nicht.

Er wird die Gedanken an seinen Vater nicht mehr los. Das bringt Robert endgültig zurück in die Wirklichkeit. Er steigt von seinem Stuhl und stellt ihn vor den Tisch. Unruhe kommt in ihm auf. Seine Hände auf dem Rücken gekreuzt, geht er die wenigen Meter in der Zelle auf und ab. Er betrachtet den Spion an der Zellentür, prüft, ob man ihn beobachtet. Er blickt zum Fenster und stellt sich vor, dass die Gitterstäbe schmelzen.

Die Weichen sind gestellt. Die Verlegung des unliebsamen Häftlings ist durch die Strafvollzugsbehörde längst organisiert. Die Vorbereitungen für dessen Überstellung sind abgeschlossen. Es ist nur noch eine Frage der Zeit, bis Maudsley eine neue Umgebung erhält.

Auf dem Kalender im Chefbüro ist noch das Bild des Monats Mai 1977 zu sehen, als den Gefängnisdirektor neue Hiobsbotschaften erreichen.

»Maudsley ist total verändert«, wird ihm gemeldet. »Er scheint etwas zu planen, und sicher nichts Gutes.«

Doch der Anstaltsleiter lässt sich davon nicht irritieren. »Das Thema Maudsley ist bald ausgestanden. Die paar Tage werden wir auch noch überleben, oder nicht?«, entgegnet er.

»Ach so, er wird verlegt. Das wusste ich ja nicht. Ich wollte Ihnen nur von seiner Veränderung berichten, so wie Sie es angeordnet haben«, schließt der Beamte seine Meldung ab und verlässt erleichtert das Büro. Er hat Robert stets misstraut. Er war immer der Meinung, dass dieser Mann ihm noch große Schwierigkeiten bereiten würde. Allein die Art Roberts verabscheute er, und er ließ ihn dies auch bei jeder Gelegenheit deutlich spüren.

»Endlich habe ich mit diesem Kerl nichts mehr zu tun«, freut er sich und geht wie jeden Tag zur Poststelle. Er holt die Briefe für die Gefangenen ab und begibt sich dann auf den Weg zu seinem Zellengang. »Sortiere sie mal nach den einzelnen Zellen«, befiehlt er seinem »Hausel«.

Er hat es eilig, denn er will noch mit dem Beamten von der Zentrale ein kleines Schwätzchen halten.

»Hast du gewusst, dass Maudsley verlegt wird?«, fragt er seinen Kollegen.

»Wer wird verlegt?«, fragt der verblüfft nach und weiß doch schon die Antwort.

»Der Robert Maudsley, du kennst ihn doch, der Schrecken meiner Abteilung.«

»Na, dem wird keiner eine Träne nachweinen«, meint der Beamte und kümmert sich wieder um seine Bildschirme mit den Übertragungen von den einzelnen Zellengängen.

Robert Maudsley denkt währenddessen immer noch an seinen Vater. Er hat das Gefühl, eine Schlange mit vielen Köpfen zu sein. Er will nach allen Seiten gleichzeitig zuschlagen. Schwelgerisch vergegenwärtigt er sich alle Details seines Mordes in London. Er spürt, wie in ihm wieder die Lust auf warmes Blut aufsteigt. Er will sein Opfer winseln hören, es unterwürfig auf allen Vieren vor sich her kriechen sehen. Er wirkt gefasst. Sein Entschluss ist gefallen: Er wird wieder töten.

Wenige Tage später. Scheinbar gelangweilt kauert Maudsley nach dem Hofgang an der Mauer vor seiner Zelle. Er beobachtet die anderen Häftlinge, die eine Freistunde auf dem Gang genießen. Die einen machen Geschäfte, die anderen spielen Karten. Kein Gefangener sucht seine Nähe, seine Unterhaltung. Robert geht in seine Zelle und wartet. Wartet auf eine Abwechslung im tristen Dasein, egal welcher Art. Er will nur eine kleine Veränderung erleben, eine Unterbrechung des eintönigen Gefangenenalltags.

Wieder und wieder geht er zu seiner Zellentür und beobachtet das rege Treiben der Häftlinge auf dem Gang. Er spürt förmlich, wie sehr seine Mithäftlinge ihn verachten. Maudsley fühlt sich ausgegrenzt, genau wie damals in seiner Jugend. Noch immer will er nicht glauben, dass sein einstiger Ruhm in Scherben zerbrochen ist und am Boden liegt.

Robert John Maudsley denkt darüber nach, wem er diese Situation zu verdanken hat. Sehr schnell findet er einen

112

Schuldigen, über den sich nun sein ganzer Hass ergießt. Mit hochrotem Kopf verlässt er plötzlich seine Zelle. Er bleibt neben der schweren Tür stehen und beobachtet die Nachbarzellen. Hört das Gelächter, das aus den Zellen dringt, vernimmt die freudigen Geräusche des Zusammenseins. Robert selbst stammt aus einem Milieu, in dem es wenig zu lachen gab. Spiele in friedlicher Harmonie, im Kreise von Freunden, hat er nie erlebt.

Ein einziges, besonders herzhaftes Lachen aus der Nachbarzelle löst schließlich eine Tat aus, die später niemand mehr verstehen kann. Robert Maudsley geht langsam in seine Zelle zurück und kramt unter seinem Kopfkissen eine kleine Eisenstange hervor. Mühsam wickelt er eine dicke Kordel um das eine Ende der Stange und geht nach draußen. Er sieht sich um, ob ein Beamter in der Nähe ist. Die Luft ist rein. Er steuert direkt auf jene Zelle zu, in der der Mann sitzt, den er für alle Erniedrigungen der jüngsten Zeit verantwortlich macht. Schnell überwindet er die kurze Strecke bis zu seinem Ziel, erfasst mit einem Blick die Situation in der Zelle. Zwei Häftlinge beim Dominospiel. Maudsley tritt herein, doch niemand bemerkt ihn. Die Häftlinge sind ganz in ihr Spiel vertieft.

Bedächtig lehnt Robert die Zellentür bis zum Anschlag an. Er zieht das Eisenrohr mit der daran befestigten dicken Schnur unter seiner Anstaltsjacke hervor und nähert sich seinem Opfer.

Immer noch merken die beiden nichts. So viel Unaufmerksamkeit macht Robert noch wütender, und mit einem kräftigen Schlag haut er das Spiel vom Tisch. Erschrocken sehen die beiden auf. Dann hören sie auch schon Roberts wuterstickte, sich beinahe überschlagende Stimme: »Du, David Francis, hast mein Leben zerstört, und deshalb wirst du jetzt sterben. Es wird keine Diskussionen geben wie bei Bill. Du wirst den Raum nur noch auf einer Bahre verlassen, das verspreche ich dir.«

Dabei legt Maudsley seinem früheren Zellengenossen die Kordel um den Hals, zieht die Schlinge immer enger. Fast ohnmächtig vor Angst sieht Davids Mitspieler zu. Davids Augen treten aus den Höhlen, sein Kopf läuft blau an, seine Gegenwehr erschlafft. Dann fällt Davids Kopf zur Seite.

Vor Gericht wird Maudsley später aussagen, dass der dritte Mann im Raum ihm bei den Vorbereitungen und beim Mord selbst geholfen hat. Ob das stimmt, weiß man bis heute nicht.

Im Hochsicherheitsgefängnis von Wakefield

Robert John Maudsley ist inzwischen fast 25 Jahre alt. Der Kalender an der Wand seiner Zelle zeigt den Monat Februar 1978. Bis vor einigen Monaten war er noch ein Gefangener mit verminderter Zurechnungsfähigkeit. Er hatte noch einmal eine Chance erhalten, die Gefängnismauern als freier Mann verlassen zu können. Das Gericht hatte ihm in Aussicht gestellt, dass er in einigen Jahren entlassen werden könnte. Doch die Erwartungen des Gerichts sind bei diesen so genannten »Patienten« sehr hoch gesteckt.

Von den meist noch sehr jungen Gewalttätern wird erwartet, dass sie während ihrer Inhaftierung ein gesundes Selbstwertgefühl entwickeln. Meist haben diese aggressiven jungen Männer nie gelernt, ihre Probleme ohne ihre Fäuste zu lösen. Beinahe jede menschliche Beziehung endete irgendwann in Gewalt. Viele sind gesellschaftliche Außenseiter. Von klein an stehen sie am Rande der Gesellschaft, sie sind in ein Milieu hineingeboren, das nur demonstrativ gezeigte Stärke anerkennt. In der Schule waren sie es gewohnt, sich alles, was ihnen gefiel, einfach zu nehmen. Zu oft haben sie das von den eigenen Eltern vorexerziert bekommen. Wenn der eigene Vater schon die Mutter schlägt, dann kann es ja wohl nicht so schlimm sein, einen Mitschüler zu verprügeln. Meist blieb nur die Straßenbande, um den aufgestauten Aggressionen freien Lauf zu lassen. Diese Jungs hatten nie etwas zu verlieren außer sich selbst. Durch die Kraft in den eigenen Armen versuchten sie den Abstand zu den anderen zu verringern. Die meisten Patienten in Broadmoor haben einen solchen

Lebensweg hinter sich. Robert Maudsley nicht. Er war immer ein Einzelgänger. Nie hätte ihn eine Gang aufgenommen – ihn, den mit Minderwertigkeitskomplexen beladenen, lispelnden Hünen.

Sein Bruder bestätigte später immer wieder: »Robert war nie gewalttätig, weder als Kind noch als Jugendlicher. Wenn es Zoff gab, habe ich das erledigt. Robert mischte sich nie ein. Er wollte immer nur seine Ruhe. Dabei ist er allen körperlich überlegen gewesen, aber das hat er nie nutzen können. Ich musste für ihn kämpfen und mich mit anderen prügeln. Robert sah immer nur zu.«

»Ich wollte niemandem wehtun, so wie mein Bruder«, erwidert Maudsley, als man ihn auf diese Äußerungen seines Bruders anspricht. »Ich wusste, was Schmerzen bedeuten, mein Bruder nicht!« Dann gibt er zu: »Ich bewunderte ihn. Ja, für mich war er ein Held. Ich wäre selbst gerne einer wie er gewesen. Aber er hat mich nur ausgelacht. Einmal wollte ein Freund von uns meiner Schwester zu nahe treten, für Paul viel zu nahe. Als sie ihm davon erzählte, dass seine Hände ihr ›Heiligstes‹ berührt hatten, wie er sich immer ausdrückte, flippte er total aus. Er stellte ihn zur Rede, und schlug ihm in sein ›Allerheiligstes‹, dass ich glaubte, er würde nie mehr eine Frau berühren können. Das hätte ich auch gekonnt. Doch ich weiß nicht, wie weit ich in meiner Wut gegangen wäre. Ich war froh, dass Paul dies für uns getan hat.«

»Haben Sie mit Ihrem Bruder Paul noch Kontakt, zumindest auf dem Postwege?«, will man von ihm wissen.

»Nein, ich habe mit meiner ganzen Familie keinen Kontakt mehr. Entweder haben sie sich von mir abgewandt, oder ihre Briefe werden mir nicht zugestellt. Ich kann ihnen ja nicht schreiben, ich habe weder Papier noch Briefmarken«, antwortet er.

Maudsley steht erneut vor Gericht

Pamela Taylor, eine Psychologieprofessorin aus Broadmoor, beschreibt, was Robert Maudsley durch den Mord
an David Francis verspielt hat: »In Broadmoor richtet sich
die Behandlung nach dem einzelnen Individuum. Es wird
kaum einmal jemand in Einzelhaft genommen. Und wenn,
dann meist nur für Stunden oder höchstens ein paar Tage.
Die Zahl der gewalttätigen Zwischenfälle ist in Broadmoor
bemerkenswert gering, wenn man bedenkt, dass mindestens ein Viertel der Insassen Mörder sind. Ziel der Inhaftierung ist es, herauszufinden, was bei den Patienten Kon-
fliktsituationen heraufbeschwört, und diese dann zu
neutralisieren.«

Dass der Gefängnisdienst die Behandlung und das Trai-
ning des Gefangenen für ein gutes und nützliches
Leben sicherstellen muss – solche Regeln sind für Robert
Maudsley fortan unwiderruflich vorbei.

»Er wird die ganze Härte unserer Gesetze spüren«, sagt der
Oberstaatsanwalt, der Maudsley schon bei der ersten Verhandlung für immer hinter Gittern sehen wollte.

Weil die Straftat hinter Gefängnismauern geschah, erfährt
die Bevölkerung und auch die Presse davon fast nichts.
Für Robert John Maudsley beginnt ein neuer Prozess
wegen Mordes und Geiselnahme, aber diesmal vor leeren
Rängen. Das Urteil lautet wie vom Staatsanwalt prophe-
zeit: Lebenslänglich. Und diesmal wird Maudsley nicht in
eine Klinik geschickt, diesmal wartet eines der berüchtigten Hochsicherheitsgefängnisse von England auf ihn.
Zunächst bringt man ihn nach Purkhurst und dann nach
Durham, doch selbst in dem dortigen Hochsicherheitsgefängnis kann man diesen Mann nicht bändigen.
Übrig bleibt Wakefield, die härteste Strafvollzugsanstalt

Englands. Hier ist Robert Maudsley bis heute inhaftiert, und hier wird er wahrscheinlich auch bis zu seinem Tod bleiben. Ein Aufseher erzählt, wie Maudsleys Tagesablauf aussieht: »Er hat nur Kontakt zu einem Gefängnisarzt, zu sieben Aufsehern und einem Hundehalter während des Hofgangs. Man will keinerlei Risiken mehr eingehen mit diesem Menschen. Maudsley vegetiert dahin wie ein Schwein in einem Stall. Die nackten Wände, ein Bett, ein Stuhl und ein Tisch sind seine einzigen Begleiter in eine erbärmliche Zukunft.«

Maudsley wird zum wahren Hannibal Lecter

Der Umgangston ist hart in jedem der sechs Hochsicherheitsgefängnisse von England und Wales. Die Strafanstalten von Wakefield und Frankland zählen zu den gefürchtetsten ihrer Art. Besonders unbarmherzig geht man mit Gefangenen um, die Wärter oder Mithäftlinge attackiert haben.

Wakefield ist eine Festung und beherbergt vor allem zu lebenslanger Haft verurteilte Schwerverbrecher. Skrupellose Mörder, die die Lust am Töten auch im Gefängnis nicht verlieren. Längst haben sie jegliche Hemmschwelle des Menschlichen überschritten, denn sie haben nichts mehr zu verlieren. Kleinere Gewalttaten gegen Mitgefangene sind an der Tagesordnung.

Seit Anfang 1978 sitzt auch Robert John Maudsley hier in Wakefield ein. Schnell bemerkt der Hüne den Unterschied zwischen dem Gefängnis in Broadmoor und dem »Haus des Grauens«, wie manche Gefangenen die Anstalt in Wakefield nennen.

Die Leitung beobachtet ihn sehr aufmerksam, diesen Robert Maudsley, der seine Strafe schon fast abgesessen hatte, bevor er wieder tötete.

Verständnislos schüttelt der Leiter der Strafanstalt den Kopf, als er sich die Akte Maudsley wieder und wieder zu Gemüte führt. Doch das Wachpersonal bescheinigt dem berüchtigten Gefangenen monatelang eine gute Führung, und so beschließt man, Maudsley erneut eine Chance zu geben. Nach langer Einzelhaft verlegt man ihn in eine Gemeinschaftszelle und hofft darauf, dass sich ein Vorfall wie der in Broadmoor nicht wiederholt.

Wochenlang verhält Maudsley sich unauffällig und ruhig. Er ist freundlich gegenüber den Mitgefangenen und vor allem gegenüber den Wärtern. Er liest viel, vor allem in der Bibel. Seine Zellengenossen verspotten ihn deshalb sogar bereits. Doch Robert stört das nicht.

Oft schlägt er mit seiner abgewetzten Bibel auf den Tisch und schreit seine Zellengenossen an: »Lasst mich in Ruhe mit eurem blöden Kartenspiel. Ich will lesen, sonst nichts.«

Robert Maudsley war nie ein Spieler. Er beherrscht die Spiele nicht einmal, mit denen sich seine Mithäftlinge die Zeit vertreiben, bis das Licht abgeschaltet wird.

Selbst die Wärter machen sich lustig über seinen religiösen Eifer. »Willst wohl noch Gefängnispfarrer werden?«, fragen sie ihn dann.

»Ich glaube, der legt die Bibel nur vor sich hin. In Wirklichkeit liest er gar nicht, sondern denkt nur nach«, glaubt dagegen einer der Zellengenossen, traut sich dies aber nur hinter Roberts Rücken zu sagen.

»Oder will er Ministrant beim Anstaltsgeistlichen werden?«, mutmaßt ein anderer. »Da hat er das feinste Leben. Ministranten haben die besten Bedingungen hier. Sind ständig mit dem Pfarrer zusammen, von dem es meist Tabak und andere Vorteile zu erwarten gibt. Die Pfarrer sind nicht wie die Wärter. Sie suchen noch nach dem Guten im Menschen und sehen nicht nur den Verbrecher. Auch Kontakte zu Verwandten draußen werden durch den Pfarrer sehr viel leichter.«

Deshalb werden diese Gefangenen von den Mithäftlingen beneidet. Sie müssen nicht arbeiten. Ihre einzige Aufgabe besteht darin, die Kirche sauber zu halten und bei den sonntäglichen Messen dem Pfarrer als Ministrant zur Seite zu stehen.

Ebenso verhält es sich mit den anderen begehrten Arbeiten im Knast. Die Arbeit in der Bücherei. Ein ruhiger Job. Einmal die Woche Bücher verteilen, ansonsten Sortieren des Materials. Den ganzen Tag ist die Zellentür geöffnet, erst abends beim allgemeinen Einschluss wird auch sie abgesperrt. Das ist ein Privileg, das mit nichts zu vergleichen ist. Man kann erahnen, wie es sich anfühlt, frei zu sein. Nicht eingeschlossen zu sein in einem Raum, dessen Tür stets verriegelt ist. Es ist nämlich gar nicht die Enge der Zelle, die das Leben für die Gefangenen so dermaßen unerträglich macht.

Sehr beliebt ist auch der Arbeitsplatz des »Hausels« in der Kleiderkammer und in der Wäscheausgabe. Von Zeit zu Zeit schafft die Anstalt neue Bekleidung für die Gefangenen an. Die wird natürlich zuerst von diesen Männern selbst getragen. Die besten Geschäfte werden mit neuer Bekleidung gemacht. Denn auch Gefangene wollen sich annehmbar anziehen können.

Unbedingt erwähnenswert ist auch der Job eines »Hausels« in der Krankenabteilung. Das ist ein Vertrauensposten, der sich besonderer Beliebtheit erfreut. Hier kommt man an Spritzen und Nadeln. Für jeden Rauschgiftsüchtigen im Knast ist es ein unbedingtes Muss, sich mit diesem Mann gut zu stellen.

Genauso wenig zu verachten ist die Arbeit des »Flurhausels«. Er ist tagsüber auf »seinem« Flur – meist zählen dazu rund 50 Zellen – der alleinige Herrscher. Er hat Zugang zu jeder Zelle. Auch wenn er sie nicht öffnen kann, so hat er doch die Möglichkeit, mit den Gefangenen zu reden. Er ist der Makler der Abteilung, derjenige, der Geschäfte vermittelt, Verbindungen herstellt. Die Provisionen sind gut. Sein Honorar ist im Voraus fällig. Nicht so angenehm ist das Putzen der Gänge, eine seiner Hauptaufgaben.

Doch alles wird gerne in Kauf genommen für eine Zellentür, die den ganzen Tag geöffnet ist.

Es ist diese verdammte Zellentür. Sie öffnet sich wie bei einem Tier, das zur Tränke geführt wird. Das gefüttert wird, um überleben zu können. Das man lediglich einmal am Tage Gassi führt. Robert John Maudsley hat sich an dieses Leben gewöhnt. Er hat sich den härtesten Strafvollzugsmaßnahmen gefügt, die England zu bieten hat.

Maudsley verändert sich von Tag zu Tag

Im Juli 1978 – vier Monate sind seit seiner Einlieferung in Wakefield vergangen – beginnt Maudsley, sich allmählich zu verändern. Noch immer genießt er die Vorzüge einer Gemeinschaftszelle. So ist er wenigstens nicht allein an den Abenden und an den schier nicht enden wollenden Wochenenden. Diese Tage ohne Arbeit erträgt er schwer. Robert Maudsley wirkt unruhig. Seine Zellengenossen haben dies längst bemerkt. Sie wissen seine Unruhe nicht einzuordnen. Sie vermuten, er habe vielleicht eine schlechte Nachricht vom Gericht erhalten. Möglicherweise wird er in eine andere Anstalt verlegt, spekulieren sie.

Immer wieder bittet Maudsley die Beamten um psychologische Betreuung. Er schreibt seitenlange Briefe an die Psychologen, die ihn vor seiner Verurteilung untersucht haben. Viele antworten ihm, aber ihre Hände sind gebunden ohne einen entsprechenden Auftrag des Gerichtes, das ihn verurteilt hat.

Er wendet sich mittels eines Formulares an die Gefängnisleitung. Die Gefängnisleitung verweist ebenfalls an das zuständige Gericht.

Er spricht mit Wärtern, doch die haben nur ein Lächeln für ihn übrig.

»Willst wohl in die Klapsmühle, wie viele hier«, geben sie ihm offen zu verstehen. »Gefällt dir wohl nicht mehr bei uns? Ist das Essen oder der Service hier vielleicht zu schlecht? Natürlich ist es in einer Klapsmühle schöner, aber das Gericht hat dich hierher zu uns geschickt. Das ist auch gut so. Du bist nicht geistig krank. Du bist voll zurechnungsfähig, haben die Psychologen gesagt. Also wirst du auch schön unser Gast bleiben«, ist ihre eindeutige Antwort.

Immer wieder bittet er darum, seelische Hilfe zu erhalten. Er glaubt, die Kontrolle über sich zu verlieren, befürchtet auszurasten. Wie er später erzählt, wurde ihm die Erfüllung seiner Bitte nie gewährt.

Seit Tagen schon redet er bei den täglichen Hofgängen nicht mehr mit seinen Mitgefangenen. Auch nicht in den Arbeitspausen. Er zieht sich völlig zurück und ist davon überzeugt, dass ihm niemand helfen will. Dies versucht er einem leitenden Anstaltsbeamten klar zu machen. Der sieht Maudsley mit verächtlichen Blicken an. Der Kommentar dieses Mannes wirft ihn völlig aus der Bahn.

Der Beamte sagt ihm auf den Kopf zu: »Glaubst du, alle Menschen sind dafür da, dir, Robert John Maudsley, den Knast so schön wie möglich zu gestalten? Du bist hier, weil du Menschen getötet hast, und nicht zur Kur. Was glaubst du, wie die Opfer darüber denken würden? Vielleicht hat dir das noch keiner klar gemacht. Aber dafür brauchst du auch keinen Psychiater. Diese Menschen wollten leben. Und sie hatten ein Recht darauf, ihr Leben führen zu dürfen. Doch du hast es ihnen auf bestialische Weise genommen. Hast ihre Hilfeschreie nicht erhört. Aber jetzt, wo man dich zur Rechenschaft zieht, brauchst du Hilfe? Verdrück dich in die Zelle, und sei froh, dass du noch am Leben bist. Versuche nicht, bei mir Mitleid

zu erwecken, du hattest es auch nicht bei deinen Opfern!«
Wortlos beendet Maudsley seinen Hofgang und geht den
langen Gang zurück zu seiner Zelle. Er hört nicht, was ihm
die Mitgefangenen zurufen.
»Wolltest wohl Urlaub beim Chef beantragen. Hat er nicht
genehmigt. Ach, wie gemein von ihm«, verhöhnen sie ihn.
Robert John Maudsley wird immer mehr zum Außenseiter dieser Anstalt. Viele glauben, er sei dem »Knastkoller«
erlegen. Der »Knastkoller« ist ein Syndrom, das sich bei
vielen Gefangenen, vor allem bei Lebenslänglichen, von
Zeit zu Zeit einstellt. Ihr Geist will nicht begreifen, dass
ihre Lebensumstände durch ein Gerichtsurteil bis zum Tod
vorgezeichnet wurden. Häufig denken sie in ihrer Situation
daran, sich das Leben zu nehmen. Doch nicht einmal dazu
lässt man ihnen die Möglichkeit.
Salney Darwood, ebenfalls ein Lebenslänglicher, teilt seit
einiger Zeit die Gemeinschaftszelle mit Robert. Er spricht
perfekt Französisch und wundert sich nicht schlecht, als
ihn Robert eines Tages fragt: »Ich möchte gerne Französisch lernen, kannst du mir das beibringen?«
»Na klar«, antwortet Salney und muss dabei ein wenig
schmunzeln. »Nicht einmal richtig Englisch können sie
sprechen, diese Liverpooler, aber Französisch müssen sie
lernen«, denkt er sich insgeheim. Doch er weiß, dafür gibt
es Tabak, und dafür tut man im Gefängnis bekanntlich
alles.
Bereits seit Wochen gibt Darwood ihm nun Unterricht in
der fremden Sprache. Maudsley tut sich schwer mit dem
Erlernen der Fremdsprache. Doch die beiden haben Zeit,
sehr viel Zeit. Mit unendlicher Geduld versucht Darwood,
Maudsley zu unterrichten, obwohl er nicht nachvollziehen
kann, wofür dieser seine Kenntnisse verwenden will.
»Ich will, was ich Zeit meines Lebens nicht konnte. Ich will

124

klug werden, um nicht als Dummkopf zu enden«, klärt Maudsley seinen Knastkollegen auf.

»Aber für wen willst du diese Fremdsprache lernen, die kannst du doch hier als Knacki nicht gebrauchen?«, fragt ihn sein Lehrer.

»Überlass das mal mir. Ich zahle dich gut, und das genügt doch, oder?«

»Natürlich, aber man wird doch noch fragen dürfen«, entgegnet Salney.

»Komischer Kauz«, denkt sich Salney und beginnt mit William, dem anderen Zellengenossen, ein neues Kartenspiel. Verstohlen deutet er mit dem Zeigefinger zur Stirn.

Schlaflose Nächte

Das Licht ist längst erloschen, und Stille kehrt ein. Nur ein Häftling findet keine Ruhe in dieser Nacht: Robert John Maudsley. Mit den Händen auf dem Rücken schreitet er stundenlang die wenigen Meter auf und ab. Misstrauisch beobachten seine Zellengenossen das nächtliche Treiben, bis sie der Schlaf übermannt. Sie erleben nicht, wie sich der sanfte Riese dem Killer Maudsley ergibt, wie sich sein Gesichtsausdruck zu einer Fratze verändert und er seine klobigen Hände aneinanderreibt. Seine Blicke streichen ruhelos über die Betten seiner Kollegen, die in der Dunkelheit nur noch schemenhaft zu erkennen sind.

In rhythmischem Wechsel erhellen die kreisenden Scheinwerfer auf den Gefängnismauern die Zelle für wenige Sekunden. Maudsley setzt sich an den Tisch, auf dem noch immer die Blechnäpfe vom Nachmittagstee stehen und die Spielkarten liegen. Eine aufgeschlagene Zeitung mit dem Bild eines halb bekleideten Mädchens erkennt er nur schemenhaft. Wutentbrannt streicht er mit den Armen das

Blatt vom Tisch. Krachend gehen dabei auch die beiden Blechtassen zu Boden. In der Stille der Nacht dröhnen sie wie ein Gewitter. Doch niemand hört es, nicht einmal die beiden Knastbrüder, die tief und fest schlafen.

Maudsley ist wie in einem Rausch. Das laute Schnarchen der beiden, das ihn immer störte, nimmt er nicht wahr. Er sieht nur auf ihre mit der schäbigen Wolldecke bedeckten Leiber. Er erkennt die Hilflosigkeit dieser Menschen. Er genießt förmlich, dass sie ihm, Robert John Maudsley, in diesem Moment ausgeliefert sind. Er denkt darüber nach, was er ihnen jetzt alles antun könnte. »Alles Schwule und Kinderschänder«, denkt er, und sein Hass steigert sich immer mehr.

Er nimmt eine Gabel von seinem Essgeschirr und rammt sie in die Tischplatte. Die Gabel zerbricht. Er zieht die Zacken heraus, die sich ins Holz gebohrt haben, und betrachtet sie. Dann gilt sein Blick wieder den beiden Zellengenossen, die ruhig in ihren Betten schlafen. Er legt das Metall zur Seite, steht auf und geht langsam zu seinem Bett. Nach nur wenigen Minuten schläft er tief und fest.

Als die beiden am nächsten Morgen erwachen, vermuten sie, dass Maudsley die ganze Nacht nicht geschlafen hat. Denn er sitzt schon am Tisch, den Kopf zwischen den Händen. Sie denken, er sei am Tisch eingeschlafen, und beginnen mit ihrer Morgentoilette. In einem viereckigen Blech, das als Spiegel dient, beobachten sie ihn aus dem Augenwinkel. Er wirkt verändert. Sie ahnen nichts Gutes, doch sie wollen sich nichts anmerken lassen.

Erst als das Frühstück durch die Luke in die Zelle gereicht wird, steht Maudsley wortlos auf und holt sich als Erster seinen Kaffee und das gereichte Brot. Er setzt sich an seinen Platz und schlürft seinen Kaffee so laut, dass es niemandem in der Zelle verborgen bleibt. Er bestreicht sein

Brot mit Margarine und Marmelade und isst es. Maudsley würdigt seine Zellengenossen keines Blickes. Seine Augen sind blutunterlaufen. Die Übermüdung ist ihm ins Gesicht geschrieben.

»Hast sicher heute keine Lust, Französisch zu pauken?«, fragt Darwood Maudsley, der den Kopf schüttelt.

»Das wäre mir heute wichtig«, ist sein einziger Kommentar. Seine morgendliche Toilette lässt er ausfallen. Ungewaschen und ungekämmt sitzt er über Stunden am Tisch und redet kein Wort.

Stunden ungewöhnlicher Stille vergehen, bis sich auf dem Zellengang die mittägliche Essenausgabe durch das laute Schlagen von Blechgeschirr ankündigt. Still nimmt Robert das Essen entgegen. Das dazu ausgegebene Brot lässt er versehentlich fallen. Ärgerlich hebt er es auf und verschüttet dabei die Soße. Dies ist ihm auch früher schon öfters passiert. Normalerweise holt er in einer solchen Situation einen Lappen und säubert das angerichtete Missgeschick. Nicht an diesem Tag. Maudsley nimmt den Blechteller und wirft ihn an die Wand. Soße und Gemüse tropfen an der Wand herunter, und das amüsiert seine Zellengenossen. So haben sie Robert noch nie erlebt.

»Schmeckt wohl nicht?« Doch sie bekommen keine Antwort. »Diesen Scheißfraß kann man ja auch nur an die Wand werfen«, versucht Salney die Situation herunterzuspielen.

Doch Maudsley reagiert noch immer nicht. Er wirkt vollkommen apathisch. Wortlos geht er zu seinem Bett und legt sich wieder hin. Mit weit aufgerissenen Augen und leerem Blick starrt er zur Decke. Die Zellengenossen sind sich sicher, nun holt Robert seinen versäumten Nachtschlaf nach.

Längst knallen die Trümpfe ihres Spieles erneut auf den Tisch. Noch immer, nach all der langen Zeit, freuen sie sich über jedes gewonnene Spiel.

Doch bei aller Freude über einen Sieg lassen sie Robert nicht aus den Augen. Kein Schnarchen ist zu hören. Das lässt ihnen keine Ruhe.

»Hoffentlich dreht der nicht völlig durch«, sagt Salney. Doch William schüttelt nur den Kopf. Ihm ist das gute Blatt, das er in Händen hält, wichtiger.

Ein rätselhafter Friseurbesuch

Nach circa einer Stunde steht Maudsley von seinem Bett auf und geht geradewegs zur Zellentür. Er wirkt ruhig, völlig entspannt. Er drückt den Klingelknopf, der sich neben der Zellentür befindet und eigentlich für Notfälle gedacht ist.

Besorgt fragen seine Zellengenossen: »Hey, Robert, bist du krank, können wir dir helfen?«

»Nein, ich fühle mich gut. Ich will nur zum Friseur.«

»Ach so, zum Friseur«, stellen sie lapidar fest und konzentrieren sich wieder auf ihr Spiel.

Schon von weitem hört man die Schritte des Beamten. Nach einiger Zeit öffnet sich die Luke der schweren Zellentür und der Wärter ruft: »Was gibt es denn so Eiliges?« Maudsley tritt ein wenig von der Tür zurück und trägt sein Ersuchen vor.

»So so, zum Friseur wollen Sie. Da haben Sie Glück, der ist gerade frei.«

Der Wärter öffnet die Zellentür und geht mit Maudsley den langen Zellengang entlang. In der letzten Zelle des Ganges ist der Friseur der Anstalt untergebracht. Der »Salon« ist karg eingerichtet, aber doch mit allen notwendigen

128

Geräten ausgestattet. Die Zellentür ist den ganzen Tag geöffnet.

Friseur einer so großen Anstalt zu sein ist ein Privileg. Besondere Haarschnittwünsche kosten einen »Koffer« (ein Paket Tabak). Meist arbeiten die Friseure über Jahre hier. Sollte einmal kein gelernter Friseur einsitzen, wird ein langjähriger, meist Lebenslänglicher für diese Arbeit ausgebildet.

Bill, der schon seit über drei Jahren den Laden führt, ist nicht sehr begeistert von seinem Kunden. Er kennt die Geschichten, die man sich von ihm im Gefängnis erzählt.

»Na, wie geht's denn so, Robert«, will der 42-jährige homosexuelle Friseur wissen.

»Na, wie wird es mir schon gehen, wenn ich mir von einem wie dir an den Kopf fassen lassen muss.«

Doch Bill überspielt mit einem Lächeln die Situation: »Na, du willst doch auch einen tollen Haarschnitt von mir, da ist man doch nicht so garstig. Oder soll ich dir eine Glatze rasieren?«

»Ich gebe dir einen guten Rat, schneide mir die Haare ordentlich, sonst schneide ich dir etwas anderes ab. Hast du mich verstanden?«, entgegnet Robert.

»Du machst aber wieder Späße heute«, ist der knappe Kommentar des Friseurs. Und er beginnt mit seiner Arbeit. Maudsley lässt es fast apathisch über sich ergehen. Und Bill versucht, sich auf seine Arbeit zu konzentrieren.

Im Spiegel sieht Robert einen großen Berg abgeschnittener Haare in der Ecke der Zelle liegen. Nur einmal am Tag kann der Friseur seinen Abfall entsorgen, und bei 20 bis 30 Kunden am Tag kommt da schon einiges zusammen.

»Ich will die abgeschnittenen Haare dort in der Ecke mitnehmen«, sagt Robert bestimmt.

»Na, was willst du denn mit denen?«

»Das geht dich gar nichts an, ich will sie und Ende.«

»Wenn du meinst ... dann brauche ich sie nicht zum Container zu bringen. Das ist mir nur recht.«

Bill lässt sich auf kein weiteres Gespräch mit Robert ein. Er kann zwar nicht verstehen, was ein Gefangener mit der verlorenen Haarpracht seiner Kollegen anfangen will – aber was schert es ihn.

»So, mein Herr, der Haarschnitt ist mir aber heute besonders gut gelungen. Das kostet normal einen ›Koffer‹ extra. Aber wenn du schon meine Abfälle entsorgst, will ich mal nicht so sein. Da bekommst du mein Meisterwerk natürlich umsonst.«

»Das will ich dir auch für die Zukunft geraten haben. Nun gib mir eine Tüte für die Haare«, befiehlt Robert.

»Ach ja, natürlich«, sagt Bill und holt aus einer Schublade seine einzige große Plastiktüte hervor. Eigentlich mindestens zwei »Koffer« wert. Doch Bill zieht es vor, den Mund zu halten. Er geht zur Ecke der Zelle, füllt die Tüte und übergibt sie Robert. Wie eine wertvolle Beute betrachtet Robert sie und verlässt die Zelle des Friseurs.

»Na, Gott sei Dank. Bin ich froh, dass der nicht mehr so schnell meinen Laden betritt«, seufzt Bill und gießt sich eine Tasse Kaffee ein.

Robert geht zu seiner Zellentür zurück und wartet auf einen Beamten, der ihm öffnet. Mindestens zwanzig Minuten dauert es, bis endlich einer der Wärter kommt.

»Bitte schließen Sie meine Zelle auf. Ich war beim Friseur«, sagt er zu dem Beamten.

»Was haben Sie denn in dem Beutel?«, will dieser wissen.

»Das ist der Haarabfall vom Friseur, damit will ich mein Kopfkissen auffüllen.«

»So, so, Haarabfall vom Friseur«, wiederholt der Wärter

argwöhnisch und betrachtet den Inhalt der Tüte. »Na, da wird ja wohl niemand etwas dagegen haben«, stellt er fest und öffnet die Tür.

Als Robert die Zelle betritt, ruft ihm William zu: »Ganz schön kurz, deine Haarpracht! Willst wohl freiwillig zur Armee gehen? Das Sturmgepäck hast du wohl auch gleich mitbekommen?«

Robert antwortet nicht. Er geht stumm zu seiner Pritsche, unter der er seinen mitgebrachten Beutel verstaut. Dann wendet er sich Darwood zu: »Darwood, du arbeitest doch in der Druckerei, kannst du mir morgen einige leere Kartons mitbringen?«

»Natürlich, wir haben jede Menge davon«, antwortet Darwood. »Aber du musst den ›Wachteln‹ schon erklären, für was du die brauchst. Sonst kann ich sie dir nicht besorgen.«

»Ich will mir zwei große Behälter bauen, die ich unter mein Bett stellen kann. Für das ganze Zeug, das sich so angesammelt hat. Ein wenig Leim zu organisieren dürfte doch wohl auch kein Problem für dich sein. Oder?«

»Nein, die Beamten sind ja froh, wenn alles sauber aufgeräumt ist in der Zelle. Das geht, glaube ich, schon in Ordnung. Morgen hast du alles.«

Darwood ist froh, dass Roberts gespannte Stimmung offensichtlich verflogen ist. Er wundert sich zwar, woher die plötzliche Ordnungsliebe bei Robert herrührt, aber er will darüber besser gar nicht nachdenken.

Robert hat sich inzwischen mit an den Tisch gesetzt. Wortlos verfolgt er das Kartenspiel der beiden. Ab und zu lächelt er und blickt zum vergitterten Zellenfenster.

»Aus diesem Fenster werde ich eines Tages euren Geist und eure Seele entweichen sehen«, sagt er plötzlich leise vor sich hin.

»Wieder mal zu viel in der Bibel studiert, was?« Als er dies sagt, schaut Darwood nicht einmal hoch.

»Kann ich mich darauf verlassen, dass du mir morgen einige große Kartons mitbringst?«, fragt Robert seinen Zellengenossen.

»Ja, hab' ich dir doch versprochen«, ist die mürrische Antwort.

Der nächste Morgen

Maudsley ist als Erster wach und beginnt mit der Morgentoilette. Er blickt in den matten Spiegel und bemerkt zum ersten Mal, wie kurz ihm Bill die Haare geschnitten hat.

»Das nächste Mal schneide ich ihm die Haare, aber woanders«, murmelt er vor sich hin. »Zahnpasta ist auch keine mehr da«, stellt er wütend fest.

Verschlafen klettern die beiden anderen aus ihren Betten. Nacheinander benützen sie die Toilette. Die Toilettenschüssel ist nur mit einer kleinen Sichtblende vom übrigen Raum abgetrennt. Jeder im Raum vernimmt die Geräusche und die Gerüche, die täglich Anlass zu Flüchen und Beschimpfungen der übelsten Art geben.

»Vergiss ja nicht meine Kartons«, erinnert Robert noch einmal Darwood und gibt den einzigen Waschplatz der Zelle frei. Darwood geht zu seinem Regal und nimmt sich seine Seife und eine Creme hervor. Jeden Tag dasselbe Ritual: Nach einer peinlich genauen Nassrasur folgt die Reinigung des ganzen Körpers. Ein Haarwasser mit Parfüm rundet die morgendliche Toilette ab. Robert beobachtet ihn an diesem Tag genau. Er schüttelt den Kopf. Er kann nicht verstehen, wie man sich so pflegen kann. Und das im Knast.

132

Fein säuberlich reinigt Darwood das Waschbecken. Er nimmt zwei Hände voll Wasser, benetzt damit sein Gesicht, und die Prozedur hat ein Ende. Noch ein letztes Mal kämmt er sich die Haare. Nun fühlt er sich fit für das Frühstück. Kaum hat er den Kamm aus der Hand gelegt, öffnet sich mit einem lauten Krach die Luke der Zellentür.

»Frühstück, meine Herren«, schreit der »Hausel« in die Zelle. »Wollen die Herren die Eier weich gekocht oder etwas härter?«

»Nein, lieber gestreichelt«, antwortet Darwood. Doch der Witz ist alt. Robert nimmt als Erster den Blechnapf mit Kaffee entgegen, greift hungrig nach dem Blechteller mit zwei Scheiben Brot, Margarine und etwas Marmelade.

»Saufraß«, ist sein täglicher Kommentar, obwohl er »draußen« froh über solch ein Frühstück gewesen wäre.

»Für dich gibt's morgen ein Champagnerfrühstück, Maudsley. Ist das recht so?«, ruft der begleitende Wachbeamte zurück und kann dabei noch immer herzhaft lachen.

Noch immer hängt der Toilettengeruch in der Luft, als das Trio wie jeden Tag sein Frühstück einnimmt. Sie sind gut gelaunt, denn anschließend dürfen sie zur Arbeit. Eine willkommene Abwechslung. Man ist nicht in der kleinen Zelle eingesperrt, sondern unter seinesgleichen in einer größeren Gruppe beisammen. Aber die Arbeit ist hart. Wenn ein Gefangener das Soll nicht erreicht, bekommt er weniger Lohn, und der ist sowieso nicht sehr üppig. Also hält man sich ran.

Viele Experten sagen: »Wenn die Leute draußen auch so viel gearbeitet hätten wie hier, wären die meisten noch in Freiheit. Viele entwickeln sich hier zu Spitzenkräften. Hätten sie sich in Freiheit so viel Mühe gegeben, wäre ihnen sicher viel erspart geblieben.«

Robert Maudsley ist an diesem Tage besonders fleißig. Er

ist in einem Metall verarbeitenden Betrieb tätig, und der Werkmeister ist voll des Lobes. Dabei sehnt Maudsley den Feierabend gerade an diesem Tag herbei. Er hofft ständig, dass Darwood die Kartons nicht vergessen hat.

»Schluss für heute«, ruft der Werkbeamte den Gefangenen zu. Wie jeden Tag stellen sie sich vor dem Ausgang des Werkraumes in Zweierreihen auf. Jeder einzelne wird am ganzen Körper abgetastet. Es wird geprüft, ob nicht irgendjemand ein Werkzeug mitgenommen hat. Eisensägen und Feilen sind aus einleuchtendem Grund unter den Gefangenen sehr begehrt. Sie sind der Schlüssel zur ersehnten Freiheit.

Doch noch keinem der Gefangenen ist es bisher gelungen, das vergitterte Fenster zu überwinden. Viele haben daran gesägt und gefeilt. Entweder wurden sie durch neidische Mitgefangene verpfiffen, oder einer der Beamten bemerkte die Manipulationen an den Eisenstäben. Die Wärter, die fast täglich die Zellen kontrollieren, können, wenn sie mit einem Hammer an die Eisen schlagen, leicht überprüfen, ob daran gesägt wurde.

Angeführt von drei Beamten, verlassen die Häftlinge in Zweierreihen die Werkstatt. Sie gehen die wenigen Meter über den Gefängnishof bis zum Eingang des Zellenbaues. Noch einmal erhaschen ihre Blicke die Weite des freien Himmels. Sie blicken stumm zu den unüberwindbaren, endlos übereinander getürmten Steinen, die mit meterhohem Stacheldraht gekrönt sind.

Der leitende Werkbeamte schließt die schwere Tür zum Zellentrakt auf. Wie Soldaten treten sie in den endlosen Gang und stellen sich routiniert auf. Die zweite Leibesvisitation beginnt. Die drei Beamten durchsuchen alle Taschen und tasten jeden Gefangenen noch einmal ab. Die Gefangenen machen Witze, als man ihnen wie jeden Tag zwischen die Beine greift. Dabei ist es das beliebteste Versteck für unerlaubte Mitbringsel. Doch wie an den meisten Tagen findet man auch heute nichts.

Nun werden stichprobenartig drei Gefangene zur »Generaluntersuchung« ausgewählt. Eine unangenehme Prozedur beginnt. Während die restlichen Gefangenen zu ihren Zellen gebracht werden, kommen die drei in eine Einzelzelle. Dort müssen sie sich völlig nackt ausziehen. Die Beamten ziehen Gummihandschuhe an. Die Häftlinge müssen sich bücken. Nun wird der Darm untersucht. Doch auch hier wird man nicht fündig. Diese unangenehme Tätigkeit hassen selbst die Beamten. Doch der Schmuggel von Rauschgift soll dadurch verhindert beziehungsweise minimiert werden. Welch hohen Rauschgiftkonsum es in den Strafanstalten gibt, kann man oft genug in den Zeitungen lesen.

Die Werkstätten werden fast täglich mit Material von draußen beliefert, und die fertig gestellte Arbeit abgeholt. Manchmal gelingt es den Gefangenen, die Fahrer mit Geld zu bestechen und sie zu Kurierfahrten zu überreden. Viel Geld ist im Umlauf und im Besitz der Gefangenen in allen Gefängnissen auf der ganzen Welt. Die Kuriere erhalten das Geld von Angehörigen und bringen es mit den Lieferfahrzeugen ins Gefängnis, natürlich für ein ansehnliches Honorar. Zuweilen wird das Geld auch direkt von den Angehörigen bei ihren Besuchen eingeschmuggelt.

Eine weitere undichte Stelle sind die Freigänger. Meistens handelt es sich dabei um Gefangene mit einer nur noch geringen Haftzeit. Sie dürfen in Betrieben außerhalb der Anstalt arbeiten. Auch sie werden täglich gefilzt, aber sie finden immer wieder einen neuen Weg, die Kontrollen zu überwinden. Neuerdings setzt man in den Anstalten einen Alkomat ein, wie er auch im Straßenverkehr Verwendung findet. Sollte einer der Freigänger Alkohol getrunken haben, ist seine Vorzugsstellung beendet. Für viele ein schweres Los. Sie haben zum Teil seit Jahren keinen Alkohol getrunken. Dementsprechend groß ist ihr Verlangen. Viele erliegen der Versuchung, und die Ernüchterung ist hart.

Das sind die gängigen Wege, an unerlaubte Dinge heranzukommen. Doch viele der Gefangenen sind erfinderisch. Schon so mancher Gefängnisdirektor hat sich über die erstaunliche Kreativität seiner Schutzbefohlenen gewundert.

Die Nacht bricht an

Längst haben sich unsere drei Gefangenen an diesem Juliabend des Jahres 1978 wieder in ihrer Zelle eingefunden. Robert staunt nicht schlecht, als er sieht, wie viele Kartons Darwood für ihn organisieren konnte.

»Das werde ich dir nie vergessen«, lobt ihn Robert.

»Schon gut, mit drei ›Koffern‹ ist die Sache geregelt«, antwortet Darwood.

»Die bekommst du gerne.« Robert geht zu seinem Schrank und überreicht Darwood den gewünschten Lohn.

»So, jetzt kann ich mir wieder Kaffee kaufen«, stellt Darwood freudig fest und verstaut den Tabak mit einem Lächeln. Dabei sieht ihn Robert verächtlich von der Seite an.

»Hab’ ich zu viel verlangt?«, fragt Darwood nun verängstigt. Um keinen Preis will er sich Ärger mit Robert einhandeln.

»Nein, nein, lass nur, das ist schon in Ordnung. Ich habe an etwas ganz anderes gedacht«, antwortet Robert.

Ihr Gespräch wird durch das Öffnen der Luke in der Zellentür unterbrochen. »Abendessen«, tönt es durch den Gang.

»Ich dachte schon, Marilyn Monroe kommt zu Besuch«, ruft William dem Essen ausgebenden »Hausel« zu.

»Die lebt doch gar nicht mehr, aber wie wär's mit Anita Ekberg, die wäre doch was?«, scherzt der »Hausel« zurück. Dabei reicht er den dreien das Abendessen: eine Kanne Tee und je zwei Scheiben Brot und Käse.

»Komm, gib mir noch zwei Scheiben Brot, davon werde ich doch nie satt.«

Der Beamte nickt, und Robert erhält eine Sonderration.

Die Teekanne wird so auf den Tisch geknallt, dass der Tee überschwappt. Jeder holt seinen Blechnapf und gießt sich ein.

»Möchte nur wissen, wie dieses Spülwasser zu dem Namen Tee kommt«, stellt Darwood wie fast jeden Tag fest.

Robert hat es an diesem Abend besonders eilig mit dem Abendessen. Kaum hat er es hinuntergeschlungen, geht er zu seinem Bett und holt die von Darwood mitgebrachten Kartons hervor. Mühsam trennt er die Vorder- und Rückseiten der rechteckigen Kartons. Er will die Seiten verlängern. Er schneidet und leimt, bis er zwei etwa 1,80 m lange und 60 cm breite Behältnisse geschaffen hat. Dann verstaut er sie unter seinem Bett.

»Ja, um Gottes willen, die Kartons sind doch viel zu groß, Robert. So viel Gerümpel hast du doch gar nicht? Da wird der ›Wachtel‹ aber morgen blöd schauen«, stellt Darwood verwundert fest.

»Lass nur, die sind schon in Ordnung so«, ist Roberts kurze Antwort. Dabei kramt er einige Gegenstände aus dem Schrank und geht zum Tisch. Als er sie vor seinem Platz ausbreitet, müssen seine Zellengenossen lachen.

»Wird wohl wieder Bibel gelesen heute Nacht. Du wirst noch ein Heiliger werden, wenn du so weitermachst«, spottet William.

Natürlich wissen sie sofort, was Robert mit diesen Ge-

genständen vorhat. Sie haben sie selbst schon öfter gebraucht, um in der Nacht Karten spielen zu können. Da ab 22 Uhr das Licht gelöscht wird, muss man sich anderweitig behelfen, um Licht in die Zelle zu bringen.

Robert streicht Margarine in einen kleinen Blechbehälter, nimmt einen schmalen Streifen Stoff und wickelt ihn zu einer Schnur. Die Schnur wird wieder mit Margarine bestrichen und in die Mitte des Behälters in das Fett gesteckt. Und die nächtliche Beleuchtung ist sichergestellt. So bastelt man sich im Gefängnis eine Kerze. Das ist eigentlich verboten, doch meist schauen die Beamten darüber hinweg. Ab 22 Uhr ist auf den Gängen sowieso kein Beamter mehr. Nur die Zentrale ist noch besetzt. Die Beamten, die in den kleinen Türmen vor den Gefängnismauern die ganze Nacht Wache halten, wären die Einzigen, die diese kleinen Lichtquellen entdecken könnten. Würden alle erleuchteten Zellen in der Zentrale gemeldet, müsste man das Personal für den Nachtbetrieb verzehnfachen. Also drückt man ein Auge zu und duldet die kleinen, harmlosen Nachtverkürzer.

Pünktlich um 22 Uhr erlischt die Zellenbeleuchtung. Die Zelle wird nur noch durch die Strahlen der Außenscheinwerfer erhellt. Die drei ziehen sich aus und begeben sich, mit einer leinenen Unterhose und einem alten Hemd bekleidet, zu Bett. Nach nur wenigen Minuten schnarchen Darwood und William um die Wette. Nur Robert will an diesem Abend nicht einschlafen.

Mit weit aufgerissenen Augen starrt er zur Decke. Das spärliche Licht, das durch die Gitter in die Zelle fällt, wirft gespenstische Schatten.

Die Stunden verfliegen wie Minuten. Robert denkt nach. Die Hoffnungslosigkeit seiner Situation macht ihm Angst. Sein früheres Leben läuft wie ein Film vor seinem inneren

Auge ab. Noch einmal spürt er die ständigen Schläge und Demütigungen seines Vaters. Er sieht die Bilder des Terrors, dem er täglich ausgesetzt war. Er hört die höhnischen Kinderstimmen seiner Schulzeit.

Dunkle Wolken stehen am Firmament seines gescheiterten Lebens. Die Vergangenheit holt ihn ein. Die ständige Not. Das immer während Elend. Wie das Antlitz eines Dämons erscheint ihm das Gesicht seines Vaters. Schweiß steht auf seiner Stirn. Seine Hände verkrampfen sich in der Wolldecke. Er will dieses Bild aus seinem Gedächtnis streichen. Er will seine Erinnerungen töten, genauso wie seine Opfer. Doch es gelingt ihm nicht. Die Bilder des Schreckens lassen ihn nicht los. Sein Blick flattert ... Es ist Nacht. Der Vater schleicht sich in das Kinderzimmer. Er spürt förmlich, wie der Vater seinen Körper berührt, ihn aus dem Schlaf reißt, ihm Schmerzen zufügt.

Robert findet keine Ruhe. Er steht auf und trinkt einen Schluck Wasser. Er geht zum Tisch, holt die selbst gebastelte Kerze, zündet sie an und geht wie ein Schlafwandler zu seinem Bett. Er stellt die Kerze auf den Boden, direkt vor die beiden Schachteln. So leise wie möglich holt er die beiden großen Behälter unter seinem Bett hervor. Minutenlang betrachtet er zufrieden sein Wunderwerk, streicht mit seinen klobigen Händen die Kanten entlang.

Dann öffnet er den Schrank. Er kramt die große Tüte mit den Haaren hervor, die er bei seinem Friseurbesuch ergattert hat. Er fasst mit einer Hand hinein, und er lächelt. Genüsslich lässt er die Haare durch seine Finger gleiten. Dann verteilt er die Haare fein säuberlich auf dem Boden der Kartons. Immer wieder streichen seine Hände über die Haare. Langsam schiebt er die Kartons wieder unter seine Pritsche, löscht die Kerze und legt sich ins Bett. Er schläft sofort ein.

Das Monster erwacht

Es ist Wochenende, und die langen Tage stehen bevor. Wie jeden Morgen warten Darwood und William auf das Frühstück. Während sie den Küchenwagen auf dem Flur hören, schläft Robert noch immer.

»Hat wohl eine unruhige Nacht gehabt«, vermutet William. Als sich die Luke öffnet, nimmt William auch das Frühstück für Robert entgegen und stellt es auf den Tisch.

Die beiden sind längst mit dem Frühstück fertig, als Robert erwacht. Verschlafen fragt er: »Waren die ›Hauseln‹ schon da?« Ungewaschen setzt er sich an den Tisch. Seine dünnen Haare stehen zu Berge. Nicht einmal seine Hose hat er angezogen. Seine Zellengenossen wundern sich über sein ungewohntes Verhalten.

»Heute keine Morgentoilette, Herr Maudsley? Wir gehen wohl noch einmal zu Bett?«, fragt Darwood.

Doch Robert würdigt ihn keines Blickes. Hastig schlingt er das Frühstück hinunter. Nicht einmal die Marmelade streicht er sich auf das Brot. Er isst sie mit einem kleinen Löffel direkt aus dem Napf, trinkt noch einen Schluck Tee und geht wieder zu Bett.

Kaum ist er eingeschlafen, sitzen die beiden wieder beim Kartenspiel. Doch sie sind unkonzentriert, wechseln unsichere Blicke.

»Seit wann geht Robert denn nach dem Frühstück wieder ins Bett? Das war doch noch nie der Fall.«

»Vielleicht hatte er ja eine schlechte Nacht und konnte nicht schlafen«, antwortet William. »Komm, lass uns weiterspielen. Was geht uns das an.« Schon bald sind sie wieder in ihr Kartenspiel vertieft, haben alles um sich vergessen.

»Was? Die kommen schon mit dem Mittagessen! Und

140

Robert schläft noch immer«, bemerkt William, als er die gewohnten Geräusche aus dem Zellengang vernimmt.

Die »Hausel« staunen nicht schlecht, als Robert noch immer nicht zur Essenausgabe erscheint.

»Dem geht's heute nicht so gut. Der liegt noch im Bett. Ich glaube, der ist krank«, versucht William das ungewöhnliche Verhalten Roberts zu erklären.

»Will wohl ins Krankenrevier. So kann man sich auch vor der Arbeit drücken«, stellt einer der »Hausel« fest und schließt mit einem lauten Knall die Luke. Doch Roberts Schlaf scheint dies nicht zu stören.

»Festessen« – der Kommentar von William, während er genüsslich seinen Schweinebraten verspeist. Immer wieder gilt der Blick dem schlafenden Robert. Sie sind gerade dabei, das Geschirr für die Abholung bereitzustellen, als Robert erwacht. Mit weit geöffneten Augen liegt er auf seinem Bett. Er spricht noch immer kein Wort. Argwöhnisch beobachten ihn die beiden.

Plötzlich – von einer Sekunde zur anderen – springt Robert Maudsley aus seinem Bett auf. Mit nur wenigen Sätzen ist er am Tisch, der sich in der Mitte der Zelle befindet. Darwood und William sind beim Kartenspielen, als Maudsley sich vor ihnen aufbaut. Er hat einen Blick, den sie bei ihm noch nie gesehen haben.

»Wohl schlecht geträumt?«, fragt Darwood noch verwundert.

»Ja, von solchen Schweinen wie dir«, entgegnet Maudsley.

»Na na, das ist aber keine freundliche Morgenbegrüßung. Iss lieber dein Mittagessen, bevor es ganz kalt wird«, versucht William die Situation zu retten.

»Heute ist Samstag, Französisch lernen ist angesagt, hast du vergessen?«, fragt Darwood.

Doch Robert antwortet nicht.

Eigentlich müssten sie ja lachen darüber, wie Robert, dieser Hüne, in seiner kurzen Unterhose vor ihnen steht. Barfuß, die Haare ungekämmt, tiefe Ränder unter den Augen. Doch ihr Instinkt sagt ihnen, dass Vorsicht geboten ist. Längst haben sie erkannt, wie sich Robert von einer Sekunde zur anderen zu einer psychisch abnormen Persönlichkeit entwickelt hat. Seine zusammengekniffenen Augen verheißen nichts Gutes, und er hat seine Hände zu Fäusten geballt.

Darwood überkommt unsägliche Angst. Er will aufspringen, zur Zellentür flüchten, um die Notglocke zu betätigen. Er will die Wachbeamten rufen, denn er ahnt, in welche Gefahr er und William geraten sind. Sie kennen Roberts Vergangenheit, wissen, mit welcher Kaltblütigkeit er Mithäftlinge getötet hat. Darwood will nicht sein nächstes Opfer sein. Er will weiterleben, auch hinter Gittern.

William wird mit der Situation nicht fertig. Er ist zur Salzsäule erstarrt. Wie hypnotisiert blickt er auf Maudsley. Maudsley zittert am ganzen Körper. Immense Wut verrät sein Blick.

Mit einem mächtigen Faustschlag schlägt Maudsley den überraschten Darwood zu Boden. Der fasst sich an den Mund, spürt die Wärme seines Blutes. Er flüchtet in eine Ecke der Zelle. Er weiß, er hat keine Chance, die Notglocke zu erreichen. Für einen kurzen Augenblick glaubt er, dieses Monster werde sich wieder beruhigen. Doch Todesangst kommt in ihm auf, als er sieht, wie Maudsley William mit beiden Händen am Hals packt und ihn zu Boden wirft, ihn bei den Haaren nimmt und seinen Kopf immer wieder auf den Betonboden schlägt.

Darwood rührt sich nicht von der Stelle und hofft, ungeschoren davonzukommen. Zu Tode erschrocken sieht er, wie Maudsley einen Strick aus seiner Tasche hervorkramt.

Der unter ihm liegende William zeigt keine Gegenwehr mehr, und Maudsley legt ihm den Strick um den Hals. Wie im Rausch zieht er die Kordel immer enger. William röchelt laut, reißt seine Arme in die Höhe. Maudsley springt mit den Knien auf die Brust seines Gegners. In der einen Hand hält er den Strick, mit der anderen nestelt er an seinem Hosenbund. Dann zieht er ein Messer hervor und sticht blindlings auf sein wehrloses Opfer ein. Er sticht ihm in Kopf und Körper, bis das Blut aus unzähligen Quellen sprudelt.

Maudsley steht auf und malträtiert das Opfer mit seinen Füßen. Dann tritt er nach dessen Kopf, schlägt ihn von einer Seite zur anderen, bis Williams Gesicht keine Menschenähnlichkeit mehr hat.

Er sieht, dass ein Auge aus seiner Höhle fällt; er zertritt es unter seinen Füßen.

Der auf dem Bett sitzende Darwood ist vor Angst wie erstarrt. Er hofft, dass Maudsleys Wut und Mordlust mit dem Tode Williams beendet ist. Er weiß, dass ihm dieser Mann körperlich überlegen ist, er keine Chance hat gegen diesen Hünen. Tagelang hatte er beobachten können, wie Maudsley sein stumpfes Messer am steinernen Fenstersims geschärft hat. Darwood atmet auf, als Maudsley das Messer wieder seelenruhig in seinem Hosenbund verschwinden lässt. Unfähig, etwas zu unternehmen, wartet er, was nun geschehen wird. Er hofft und bangt um sein Leben: Er weiß, er ist ihm schutzlos ausgeliefert, diesem mordenden Tier, das nicht mehr Herr seiner Sinne zu sein scheint.

Maudsley geht langsam zur schweren Zellentür, so als wolle er den Fluchtweg für Darwood abschneiden. Darwood erkennt die ausweglose Situation und bettelt um sein Leben. Er will nicht so enden wie das blutverschmierte menschliche Wesen, das am Boden liegt. Er will gerade aufspringen, doch schon ist Maudsley mit wenigen Schritten vor seinem Bett. Blitzschnell zückt Maudsley das Messer und sticht auf ihn ein. Fast wehrlos erduldet sein Körper die Attacken dieses Wahnsinnigen. Schützend hält er seine Hände vor das Gesicht. Doch diese Bestie kennt keine Gnade. Erbarmungslos reißt er ihn an den Haaren zu Boden. Er nimmt das Messer und schneidet mehrere Büschel Haare von dessen Kopf. Er hält die Trophäe in seinen mächtigen Pranken und verteilt sie unter lautem Lachen in der Zelle.

Der schwer verwundete Darwood robbt zur Zellentür und versucht zu flüchten, doch Maudsley hat ihn längst wieder eingeholt. Er packt ihn am Kragen und reißt ihn in die Höhe. Er zieht ihn zur Wand und hält ihn an den Schultern. Mit seinen Knien drückt er die Beine Darwoods an die Wand, damit dieser nicht zusammensacken kann. Dabei greift er ihn mit beiden Händen an den Haaren. Laut krachend schlägt er den Kopf Darwoods mehrmals gegen die Steinwand. Darwood will schreien, doch seine Stimme gehorcht ihm längst nicht mehr. Stumm erduldet sein Körper die unsäglichen Schmerzen. Dann wird er ohnmächtig.

Maudsley hat Mühe, den leblosen Körper zu halten. Seine zerstörerische Gier will nicht enden. Wie besessen drischt er noch immer den Kopf an die Mauer. Laut krachend öffnet sich die Schädeldecke.

Maudsley genießt förmlich den Anblick des geöffneten Kopfes. Doch er will noch tiefer in den geöffneten Spalt des Verstandes blicken.

Gezielt versucht er, den Kopf weiter zu öffnen. Und es gelingt. Ohne große Kraftanstrengung löst er einen Teil der Schädeldecke.

Er ist offensichtlich am Ziel seiner monströsen Begierde. Behutsam lässt er den leblosen Körper an der Wand zu Boden gleiten. Er fasst und zieht die leblosen Beine, bis sein Opfer von alleine sitzend an der Mauer kauert. Dann beginnt ein bizarres Ritual, das nur ein wahnsinniger, sadistischer Teufel ersinnen kann.

Seelenruhig steht er auf, geht zum Tisch und nimmt sich einen großen Löffel. Fast bedächtig, sein Opfer nicht aus den Augen lassend, kehrt er zurück. Sein Opfer kracht zur Seite auf den Boden. Wütend darüber, bückt sich Robert, nimmt Darwood an den Haaren, und richtet ihn wieder auf. Er kniet sich ihm gegenüber und betrachtet das leblose Gesicht seines Opfers. Er setzt sich auf dessen Brust und packt den Leichnam an den Haaren. Will seinen Kopf erneut an die Wand schlagen. Er hebt ihn in die Höhe.

Es stört ihn nicht, dass man den Menschen Darwood Salney, seinen Französischlehrer, nicht mehr als Menschen erkennen kann.

Robert John Maudsley betrachtet sein Opfer und lächelt. Die Augen dieses Täters haben einen eigenartigen dämonischen Ausdruck angenommen. Welcher Mensch könnte einen solchen Anblick ertragen? Robert Maudsley genießt ihn. Er nimmt den Löffel und beginnt, das Hirn zu verspeisen, das, was einen Menschen Liebe und Geborgenheit fühlen lässt, wo sich Leid und Schmerz und Friede und Freude vereinen.

Dann schleift Robert Maudsley die Leichen, wie ein Tier seine Beute, zu seinem Bett. Bedächtig zieht er die beiden Kartons unter seinem Bett hervor und streicht die am Boden verstreuten Haare zu »Kopfkissen« zusammen. Zufrieden lächelnd betrachtet er sein Werk.

Die beiden Leichen liegen dicht hinter ihm. Er blickt sich um und betrachtet sie noch einmal eingehend.

»Na, einen schwarzen Anzug habe ich leider nicht für euch, dafür bekommt ihr einen bequemen Sarg mit einem Kopfkissen, wie es noch keiner vor euch hatte«, spricht er laut vor sich hin.

Die Zelle ist blutrot gefärbt. Überall riesige Blutlachen und verschmierte Schleifspuren. Jeden anderen Menschen würde dieser Anblick zum Wahnsinn treiben. Nicht Robert John Maudsley.

Wie in Trance betrachtet er das Schlachthaus des Unvorstellbaren. Er lacht stumm, als er den Löffel vom Boden aufnimmt.

»Einmal werde ich dich noch versuchen und deinen Geschmack genießen, bevor man dich mir wegnimmt, du Kinderschänder«, sagt Maudsley laut vor sich hin.

Ein letztes Mal beugt er sich über den toten Salney Darwood, seinen ehemaligen Französischlehrer, und er tut, was kein Mensch außer ihm verstehen kann.

Plötzlich wird er wütend, wirft den Löffel an die Zellenwand. Krachend fällt der Löffel zu Boden.

Mit einem verächtlichen Blick hebt er die Leiche Salney Darwoods mit beiden Händen in die Höhe. Mit Mühe gelingt es ihm, den Leichnam in den vorbereiteten Sarg zu heben. Ein Bein hängt über den Rand des Kartons. Mit einem Fußtritt bringt Maudsley ihn in die richtige Position. Sein zweites Opfer, William Roberts, hebt er in den anderen Karton. Dann schiebt er die beiden Särge unter das Bett.

Behäbig watet er durch die unzähligen Blutpfützen. Seine Schuhe sind rot, und das fast getrocknete Blut klebt an seinen Sohlen. Seelenruhig setzt er sich an den Tisch und isst das kalte, stehen gebliebene Mittagessen, Schweinebraten mit Beilagen. Er gießt sich Tee ein. Er wirkt zufrieden.

146

▌Maudsleys Taten werden entdeckt

Das Rasseln von schweren Schlüsselbunden ist zu hören. Die Wachbeamten öffen die Zellentüren und rufen durch die endlos langen Gänge: »Hofgang«. Wie Ameisen eilen die Gefangenen auf die Flure – der einzigen Freiheit entgegen, die ihnen noch bleibt. Sie werden den Himmel sehen, ohne die störenden Gitter an ihren Fenstern. Das bedeutet eine Stunde Freiheit. Denn die hohen Mauern, die den Platz umgeben, nehmen sie längst nicht mehr wahr.

So als wäre nichts geschehen, genießt auch Maudsley die einzige Stunde am Tag, in der die Gefangenen sich innerhalb der Mauern frei bewegen können. Er sieht den Fußball spielenden Gefangenen zu, die sich freuen wie die Kinder, wenn ein Tor fällt. Er beobachtet die in Gruppen zusammenstehenden Gefangenen, die ihre Geschäfte tätigen, betrachtet die alten Männer, die beschwerlich ihre alten Knochen bewegen. Dann fällt sein Blick auf die Gruppe der Homosexuellen und Kinderschänder, die sich stets abseits der anderen Häftlinge aufhalten. Sein Minenspiel verrät Genugtuung.

Dann gilt sein Blick den Wachbeamten, die am Ausgang stehen. Sie spüren nicht den stolzen Ausdruck seines Gesichtes, der von Befriedigung nur so strotzt. Maudsley fühlt sich als der große Rächer aller Gedemütigten. Er ist der Vollstrecker der Gerechtigkeit, so denkt er. Er sieht auf seine Hände, an denen noch immer ein wenig Blut der Getöteten klebt.

Noch nie hatte man Robert John Maudsley so stolz über den Platz schreiten sehen. Geradewegs geht er auf die Wachbeamten zu, als wäre der Hofgang schon beendet. Erstaunt verfolgen sie den Häftling mit ihren Blicken. Maudsley kommt immer näher.

»Na, was gibt's, Maudsley? Der Hofgang ist doch noch gar nicht zu Ende. Fühlen Sie sich nicht wohl?«, spricht ihn einer der Beamten an.

»Mir geht es sehr gut. Es ging mir wahrscheinlich noch nie so gut in meinem ganzen Leben«, antwortet Maudsley.

»Also, was wollen Sie dann bei uns? Gehen Sie wieder zurück zu Ihrem Platz, und genießen Sie noch die restlichen Minuten«, ist der Rat des Beamten.

»Ich möchte Ihnen eine Geschichte erzählen«, beginnt Robert das Gespräch.

»Ich will aber keine hören von Ihnen«, antwortet der Beamte.

»Das glaube ich Ihnen nicht«, sagt Maudsley. »Ich glaube, Sie werden sehr erschrocken sein über das, was ich Ihnen zu sagen habe. Sehen Sie einen meiner zwei Zellengenossen hier beim Hofgang?«

»Was soll das, Maudsley, natürlich sind sie hier, wie bei jedem Hofgang. Oder sie sind krank. Oder haben Besuch bekommen.«

»Nein, sie werden nie mehr Besuch bekommen, und sie werden auch nie mehr krank sein, das verspreche ich Ihnen. Sie werden nie mehr Arbeit haben mit diesen Schweinen, denn ich habe sie des Lebens verwiesen. Verstehen Sie das? Ich habe sie gekillt, so wie *sie* manche Seele getötet haben.«

»Was haben Sie?«, fragt der Wachmann erschrocken nach.

»Ich habe meine zwei Zellengenossen getötet. Ich habe es Ihnen doch schon gesagt. Ich bereue es auch nicht. Es wurde schon längst Zeit, dass sie von dieser Welt verschwinden. Da ihr nicht dazu fähig seid, habe ich es eben getan. «

Nervös suchen die Beamten auf dem ganzen Hof nach den Zellengenossen Maudsleys. Unter der Vielzahl der Gefan-

genen können sie sie nicht erkennen. Zwei der Beamten
werden beauftragt, an das andere Ende des Hofes zu gehen. Doch auch sie kommen nur mit einem Kopfschütteln
zurück.

Maudsley lächelt, und seine schiefen Zähne verleihen ihm
das Aussehen eines reißenden Wolfes. Dann lacht er hä-
misch und fragt die Beamten: »Findet ihr sie nicht? Ich
kann euch sagen, wo sie sind. Sie sind unter meinem Bett
und ruhen sanft.«

»Was soll das bedeuten, ›sie ruhen sanft‹«, hakt ein Beamter nach; er nimmt seinen Wachhund enger an die Leine
und an seinen Körper. Ein ungutes Gefühl kommt in ihm
hoch, und er streichelt dem Dobermann nervös über den
Kopf.

Maudsley wirkt ruhig und keineswegs aggressiv. »Sie glauben mir wohl nicht?«, fragt er. »Sehen Sie sich meine Hände
an.«

Maudsley streckt den Beamten seine schwieligen Hände
entgegen. »Sehen Sie noch die Reste vom Blut dieser
Schweine? Sie hatten kein Recht mehr darauf, weiterzule-
ben. Sie haben Kinder geschändet, so wie man mich geschändet hat. Ich kann damit nicht leben, also haben auch
sie kein Recht mehr, auf dieser Erde zu sein.«

Die Beamten sehen sich ratlos an. Sie wollen noch immer
nicht glauben, was Robert Maudsley ihnen erzählt. Doch
sie kennen auch die Vorgeschichte dieses Mannes, wissen
um seine Gefährlichkeit.

»Maudsley, ich muss Ihnen jetzt Handschellen anlegen. Sie
werden jetzt in eine andere Zelle gebracht, und wir werden
Ihre Geschichte überprüfen. Ich hoffe in Ihrem Interesse,
dass Sie freiwillig und ohne Gegenwehr mit uns kommen
werden.«

Dabei drückt der Beamte den roten Alarmknopf an der

Wand hinter sich. Der Alarm signalisiert dem Beamten in der Zentrale, dass Unruhe während des Hofganges ausgebrochen ist. Entsprechend viele Beamte sind nach wenigen Minuten vor Ort und richten sich auf eine Rebellion der Gefangenen ein. Mit Sicherheitshelmen und Schlagstöcken bewaffnet, warten sie nervös und angespannt auf das Kommando zum Angriff.

Die Posten der Wachtürme werden alarmiert und durch weitere Beamte verstärkt. Mit ihren Maschinenpistolen stehen die Wärter auf der hohen Mauer und suchen den Hof ab. Verwundert stellen sie fest, dass sich alles ruhig verhält. Nicht einmal eine Streiterei unter den Gefangenen können sie ausmachen.

Seit mehr als zehn Jahren ist dieser Alarmknopf nicht mehr betätigt worden. Entsprechend nervös war man innerhalb des Gefängnisses, was die Beamten im Hof erwarten würde. Deshalb staunen die Beamten nicht schlecht, als sie sehen, dass die Gefangenen friedlich in Grüppchen beieinander stehen.

Der leitende Beamte sieht nur die Gruppe der Wärter, die den Hofgang bewachen, mit einem Häftling sprechen. Ein Blick zu den auf der Mauer postierten Beamten verrät ihm, dass auch sie keinerlei Gefahr erkennen können. Er winkt den in den Gängen stehenden Beamten mit einem Handzeichen zu, dass die Aktion beendet ist. »Fehlalarm. Rückzug!« – seine Einschätzung der Situation. Er gibt Befehl, die Tür zum Hof zu schließen, und die Beamten sind froh darüber.

Jedem von ihnen ist klar, welcher Gefahr sie ausgesetzt wären, käme es in einem Gefängnis wie diesem zu einer Meuterei. Denn die zahlreichen Lebenslänglichen haben nichts mehr zu verlieren.

Als die Beamten die Gänge verlassen haben, schließt der

150

leitende Beamte die Tür zum Hof wieder auf und geht zu seinen Kollegen, die noch immer um Maudsley herum stehen. Der leitende Beamte spricht kein Wort, als sich sein Blick auf Robert John Maudsley richtet.

Ein Beamter will Maudsley Handfesseln anlegen, dabei hat er offensichtlich Angst vor dessen Gegenwehr. Doch Robert Maudsley streckt ihm die Hände entgegen und lässt sich ohne Gegenwehr festnehmen. Wie ein Lamm lässt er alles über sich ergehen. Noch glaubt ihm niemand. Man ist sich sicher, er will sich wieder einmal wichtig machen.

Einige Beamte werden beauftragt, die Zelle von Maudsley zu durchsuchen. Als sie durch die langen Gänge gehen, können sie noch lachen. »So ein Blödsinn. Du wirst das doch nicht glauben, was dieser Verrückte erzählt«, meint ein Beamter zum anderen.

Die Zelle steht offen, und die Beamten treten ein. Als sie den Raum in Augenschein nehmen, können sie zunächst nichts Verdächtiges erkennen. So gibt einer der Beamten schon einmal vorab an die Zentrale die Meldung: »Wir sind jetzt in der Zelle, können aber nichts Ungewöhnliches erkennen.«

»Na gut, dann sucht weiter«, lautet die Anweisung der Zentrale.

»So sauber gewischt habe ich die Zelle schon lange nicht mehr gesehen«, stellt einer fest. Noch sehen sie nicht, was Maudsley mit den beiden Mithäftlingen angerichtet hat. Die Oberkanten seiner »Särge« schließen fast auf den Zentimeter mit der Unterkante seines Bettes ab.

Man will die Zelle schon wieder verlassen, als ein Beamter versucht, den vordersten Karton unter Maudsleys Bett hervorzuholen. »Er hat wohl Bücher darin verstaut«, sagt er zu seinen Kollegen, als es ihm nicht gelingt, den schweren Karton unter dem Bett hervorzuziehen.

»Komm, ich helfe dir«, sagt ein zweiter Beamter, und mit vereinten Kräften gelingt es ihnen, den Karton unter dem Bett hervorzuzerren. Plötzlich ziehen sie ihre Hände zurück. Geschockt springen sie auf und rennen aus der Zelle, um ihren Fund in der Zentrale zu melden. Doch keiner der beiden ist zunächst in der Lage, das Gesehene zu beschreiben. Dann stammelt einer der beiden: »Ein Toter liegt unter dem Bett von Maudsley. Ein Toter!«

Man beauftragt andere Beamte, die Zelle Maudsleys weiter zu durchsuchen. Erschrocken sehen nun auch diese, was ihre Kollegen unter dem Bett gefunden haben. Blankes Entsetzen steht in den Gesichtern der Wärter, als sie die Zelle verlassen und dem leitenden Beamten Bericht erstatten.

»Wir gingen in die Zelle und fanden einen der Toten unter dem Bett. Er wurde erstochen und stranguliert. Den zweiten fanden wir in dem Karton daneben. Der Kopf des Mannes war aufgeplatzt wie ein gekochtes Ei. Im Schädel steckte ein Löffel. Maudsley hat sein Gehirn gegessen.«

Auch die Gefängnisleitung ist geschockt. Man hat schon vieles erlebt hinter diesen Mauern, doch Maudsleys Taten überbieten alles.

Die Spurensicherung, die Gerichtsmedizin und die Staatsanwaltschaft werden in die Haftanstalt gerufen. Die Häftlinge der Nachbarzellen werden verlegt. Man will unter allen Umständen vermeiden, dass sich die Nachricht wie ein Lauffeuer unter den Gefangenen verbreitet.

Maudsley, der inzwischen in einer Einzelzelle untergebracht ist, beschwert sich. Er will wieder in seine gewohnte Zelle. Doch die Beamten haben anderes zu tun, als sich seine Wünsche anzuhören. Das gesamte Personal ist in höchster Aufregung. Längst sind alle Gefangenen in ihren Zellen. Doch die Nervosität der Beamten überträgt sich auch auf die Häftlinge. Sie können nur erahnen, dass etwas Außergewöhnliches vorgefallen ist.

Diese Situation dauert über Stunden an. Längst hätte das Abendessen gebracht werden müssen. Doch alle anwesenden Beamten halten sich in dem Zellengang auf, in dem das schwerste Verbrechen in der Geschichte der britischen Strafanstalten geschah.

Selbst die Gerichtsmediziner, die allerhand gewöhnt sind, haben Probleme beim Anblick der bis zur Unkenntlichkeit zugerichteten Opfer. Niemand kann sich vorstellen, dass ein Mensch zu solch einer Tat im Stande ist.

Die Staatsanwaltschaft sucht Maudsley in seiner neuen Zelle auf, um ihn über den Tathergang zu befragen. Mit ausreichender Bewachung betritt der leitende Staatsanwalt den Raum. Völlig apathisch sitzt Robert auf dem Stuhl und wundert sich über die Vielzahl der Besucher. Noch bevor sich der Staatsanwalt überhaupt vorstellen kann, sagt er zu diesem: »Ich dachte, es gäbe endlich Abendessen.«

▌Hochsicherheitstrakt für Robert Maudsley

Einsam, völlig allein zieht Robert Maudsley seine Kreise im Hof der Strafanstalt Wakefield in Großbritannien. Die von der Gefängnisleitung gekauften, äußerst scharfen Hunde beobachten jede Bewegung dieses Mannes. Maudsley weiß genau, ein falscher Schritt wäre sein sicherer Tod. Neun schwergewichtige Beamte werden täglich für seinen Hofgang abgestellt. Selbst wenn sie Maudsley in die Zelle zurückbringen, verzichten sie nicht auf ihre Hunde.

Robert hat großen Respekt vor diesen Bestien. Er hat sie schon in Aktion erlebt, diese ausgebildeten Kampfhunde, die darauf abgerichtet sind, Menschen zu töten. Er kennt die Gefahr, die von diesen Tieren ausgeht. Als er einmal auf einen Aufseher zugehen wollte, um eine Frage zu stellen, blitzten ihm ihre scharfen Gebisse entgegen, und die Beamten hatten Mühe, die Hunde zurückzuhalten.

Bei keinem der zahlreichen Gefangenen reagieren die Tiere so wie bei Robert Maudsley. Es wird jedoch nicht der ihnen eigene Instinkt sein, der sie so aggressiv ihm gegenüber macht. Es ist wohl eher die Angst ihrer »Herrchen«, die den Beschützerinstinkt der Hunde wachsam werden lässt.

So trottet Maudsley Tag für Tag eine Stunde lang allein über den Gefängnishof.

Still ist es um ihn geworden. Keinen seiner Mithäftlinge mit Ausnahme der »Hauseln«, die die Essenausgabe besorgen, hat er seit diesem Mordtag mehr zu Gesicht bekommen. Stumm erduldet er die schwersten Haftbedingungen dieser Anstalt.

Für die Beamten ist er inzwischen zum gefürchtetsten Inhaftierten dieser Anstalt geworden. Sie haben Angst, wenn sie nur zur Routinekontrolle seine Zelle betreten müssen. Selbst der Friseur der Anstalt weigert sich beharrlich, diesem Gefangenen die Haare zu schneiden.

Schwer bewaffnete Wachmänner schneiden ihm erst nach zwölf Jahren Haft seine bis zur Schulter reichenden Haare.

Längst sind sie wieder zu lang. Doch er fragt schon gar nicht mehr nach einem Friseur.

Die Zelle ist eigens für ihn eingerichtet. Dieser Raum der unendlichen Einsamkeit hat einen Namen: »The Cage – der Käfig«.

Tisch und Stuhl sind aus Pappe. Das Essgeschirr besteht nicht aus englischem Silber, nicht einmal aus Blech. Aus Sicherheitsgründen erhält er nur Plastikteller und Plastikbesteck. Sein Bett, das Waschbecken und die Toilettenschüssel sind fest im Boden verankert.

Kein Wärter hört ihm zu, wenn er sich beschwert, dass an der Toilettenschüssel seit Jahren der Deckel fehlt. Nur selten darf er unter Aufsicht einen Brief schreiben. Ein kompletter Kugelschreiber erscheint den Beamten als zu gefährlich in den Händen dieses Mannes.

Die genehmigten Briefe sind fast ausschließlich an einen der Psychiater gerichtet, die ihn vor vielen Jahren untersucht haben. Dies kann die Gefängnisleitung nicht verbieten. So schreibt er seitenlange Briefe, in denen er darum bittet, man möge ihm doch erklären, warum er zu dem wurde, was er heute ist. Die Gefängnisleitung kann nicht einordnen, ob ihm wirklich daran gelegen ist, sein Innerstes zu erforschen oder ob er sich schlichtweg nach einer Abwechslung sehnt.

Mit seinem Bruder Kevin steht er ab und zu in brieflicher Verbindung. Robert versucht, ihm ein wenig Einblick in seine geistige Verfassung zu geben. Er sucht Kontakt zur

Außenwelt, wer will es ihm verdenken. Doch meist versiegt sehr schnell das Interesse an seinen Sorgen. Er will beachtet werden, doch er stösst überall nur auf Ablehnung. Flehentlich bittet er um Hilfe für seine kranke Seele, doch niemand will sie ihm gewähren.

23 Stunden am Tag verbringt er in seiner Zelle. Das Fenster seiner Zelle ist mit mattierten Glasbausteinen zugemauert. Nur durch ein 1 cm großes Loch in einem Lüftungsschlitz kann er den Himmel sehen. Die Wände seiner Zelle sind leer, Maudsley darf keine Bilder aufhängen. Nicht einmal das Hören klassischer Musik wird ihm gestattet. Die Bibel, selten ein anderes Buch, wird die einzige Ablenkung in seinem Leben.

In den Augen der Aufseher erduldet er die völlige Isolation ruhig und gelassen. Geradezu teilnahmslos lässt er alles über sich ergehen.

1979 nimmt er das Urteil des Gerichts zur Kenntnis. Lebenslang! Für ihn im wahrsten Sinne des Wortes. Darauf weist der Vorsitzende Richter in seiner Urteilsbegründung ausdrücklich hin. Er bedeutet ihm, dass es für ihn niemals eine Möglichkeit geben wird, das Gefängnis lebend zu verlassen.

Sein Bruder Paul, Monteur von Beruf, beschreibt ihre gemeinsame Kindheit und was er nach diesem Urteil empfindet: »Unsere Herkunft ist dieselbe. Aber vielleicht habe ich einen festeren Charakter gehabt. Es ist die alte Geschichte: Nur der Stärkere überlebt. Solche Tage (Tage, an denen er ihn im Gerichtsgebäude sehen kann) berühren mich immer noch. Ich will niemandem meine Gefühle zeigen, aber es tut mir alles sehr weh. Das dürfen Sie mir glauben. Es ist komisch. Wenn es in unserer Kindheit zu einem Streit kam, war immer ich der Schuldige, niemals mein Bruder. Er braucht eine Behandlung. Ich glaube, er ist sehr krank. Der einzig richtige Platz für ihn ist ein Sicherheitskrankenhaus und kein Gefängnis.«

Nur einmal nimmt Maudsleys Mutter zu ihrem Sohn Robert in der Öffentlichkeit Stellung. Dem Reporter Dave Bruce von der »Yorkshire Post« vertraut sie in einem Interview an: »Ich glaube nicht, dass Bob (Kosename für Robert) nur die geringste Liebe von seinem Vater bekommen hat. Er schlug ihn ständig und gab ihm die Schuld für alles. Sein Vater ist sehr schlimm mit ihm umgegangen.«

Um Maudsley wird es still

Maudsley siecht stupide dahin. Die Presse widmet ihm schon längst keine Zeile mehr. Warum auch, man will seine schrecklichen Taten vergessen. Bis sich eines Tages Lord Avebury des Falles annimmt und einen Briefwechsel mit Maudsley beginnt.

Mit seiner Hilfe wird der Fall an die Europäische Kommission für Menschenrechte weitergeleitet. Grund seines Antrages ist der »grausame und ungewöhnliche Strafvollzug«, den man an Robert John Maudsley exerziert.

1983 wird der Antrag des Lord Avebury als unbegründet zurückgewiesen. Ein schwerer Schock für Robert John Maudsley, und eine schwere Niederlage für den so sieggewohnten Lord. Von der Fürsprache eines in England so geachteten Mannes hatte sich Maudsley zumindest eine Lockerung seines Vollzuges versprochen. Doch alle Bemühungen sind vergeblich.

Lord Avebury erinnert sich: »Es scheint, dass Robert einen tief gestörten Geist hat – das Resultat einer qualvollen Kindheit. In seinen Briefen beschrieb er gewöhnlich seine Lebensbedingungen, wie einsam er sich in seiner Zelle fühlt und dergleichen. Wie gefährlich er auch immer sein mag, er ist schließlich und endlich ein Mensch. Es gibt genügend andere Straftäter, die genauso gefährlich sind, die aber anders behandelt werden und in Gemeinschaft mit anderen leben dürfen.«

Robert John Maudsleys letzte Chance auf einen humaneren Strafvollzug wurde damit für immer ad acta gelegt. Nun weiß er, wie sein Leben verlaufen wird. Seine Zukunft ist der grauenhafte »Käfig« und die endlose Einsamkeit.

»Mir fehlt nur noch die Gesichtsmaske, die man Hannibal Lecter verpasste, ansonsten ergeht es mir wie ihm«, so sieht er zu diesem Zeitpunkt seine Lage. Offensichtlich hat er den Film »Das Schweigen der Lämmer« in einem der vielen Gefängnisse, in denen er einsaß, schon einmal sehen dürfen. Er kennt alle Einzelheiten dieses Films sehr genau. Er kokettiert damit, dass man ihn mit Hannibal Lecter identifiziert.

Auch Lord Avebury stellt den Briefwechsel mit ihm ein. Robert Maudsley selbst kann keine Briefe mehr versenden; er bekommt keine Briefmarken mehr.

Die Gefängnisleitung weiß ihn sicher verwahrt, und da er keinerlei Kontakte mehr zur Außenwelt hat, wird es still um ihn.

15 Jahre später: Maudsley ist wieder in den Schlagzeilen

Hätte es nicht 15 Jahre später in diesem Gefängnis einen Zwischenfall gegeben, man hätte nie mehr etwas von Robert John Maudsley gehört. Bis zu seinem Lebensende hätte er wohl den härtesten Strafvollzug, den England zu bieten hat, erdulden müssen.

Man wird erst wieder auf ihn aufmerksam, als ein anderer Gefängnisinsasse versucht, im Hochsicherheitstrakt F

der Anstalt in Wakefield eine Geisel zu nehmen. Der
Täter bewohnt die Zelle neben Maudsley. Sein Name:
Charles Bronson. Er versucht, einen Lehrer der Anstalt in seine Gewalt zu bringen. Doch sein Vorhaben
wird durch die Aufmerksamkeit eines Wachbeamten ver-
eitelt.

Als man Bronson verhört und nach dem Grund seiner Tat
befragt, ist seine Antwort: »Ich wollte den Lehrer nicht
verletzen oder töten. Ich wollte, dass die Menschen
draußen erfahren, wie wir hier leben müssen, dass wir
weniger wert sind als ein Stück Vieh.«

In seinem Verhör gibt er seinen Zellennachbarn Maudsley
als Zeugen dafür an, unter welchen grauenhaften und menschenverachtenden Bedingungen die Häftlinge in Wakefield leben. Doch Maudsley nimmt dazu keine Stellung. Er
will nichts mit der Angelegenheit zu tun haben und ver-
weigert die Aussage.

Als Bronson wegen seiner versuchten Geiselnahme vor Gericht steht, versuchen er und sein Anwalt, auf die Miss-
stände in der Anstalt hinzuweisen. Doch das Gericht lässt
diesen Vorwurf nicht gelten. So besinnt man sich bei der
Verteidigung auf den prominentesten Häftling der Anstalt:
Robert John Maudsley. Der Anwalt trägt vor, dass Gefangene in dieser Anstalt verwahrt werden wie Hannibal Lecter in dem Film »Das Schweigen der Lämmer«.

Immer wieder fällt der Name Maudsley. Dies hilft dem Angeklagten aber nichts, denn er wird zu einer harten Strafe
verurteilt.

Die bei dem Prozess gegen Bronson anwesende Presse hat
jedoch wieder eine neue Schlagzeile für den nächsten Tag.
Nun ist Maudsley wieder in aller Munde. Ganz England erfährt, wie man Maudsley verwahrt. Jede Einzelheit wird
erwähnt und in Zusammenhang mit dem Film gebracht.

Die Nation ist gespalten. Die Reporter haben alle Hände voll zu tun, um die vielen Menschenrechtskommissionen zu Wort kommen zu lassen.

Der Vertreter einer dieser Kommissionen sagt: »Wir glauben, dass psychopathische Mörder unter ihrer Geistesgestörtheit sehr leiden. Sie verdienen professionelle Hilfe und Unterstützung in einer angemessenen Umgebung. Man muss ihnen helfen, mit ihrer Krankheit zu leben und so weit wie möglich ein normales Leben zu führen.«

Dr. Meux war zehn Jahre Psychiater der Strafanstalt in Broadmoor, in der auch Maudsley lange Zeit einsaß. Heute arbeitet er in einer Klinik in Oxford. Er ist der Meinung: »Psychopathie ist nicht länger eine medizinische Angelegenheit. Heutzutage wird dieses Wort von vielen Journalisten benutzt, um jemanden zu beschreiben, der allgemein als böse, schlecht, gefährlich und widerlich angesehen wird. Das Problem aber ist, dass solche Menschen nicht in einer gesicherten Psychiatrie behandelt werden können, und so werden sie eben einfach als unheilbar abgestempelt. Dabei wird nicht bedacht, dass es nicht nur aktive, aufwändige Behandlungen gibt, sondern auch solche, die zumindest eine Verschlechterung verhindern können. Man meint in unserer heutigen Gesellschaft, dass die Gruppe der Psychopathen sich ausschließlich aus Ungeheuern und Perversen zusammensetzt. Dem ist ganz sicher nicht so.«

Dr. Meux fasst seine Einschätzung zusammen: »Es wäre einfach, zu sagen, sie haben alle niedrige Augenbrauen und große Ohren. Alle diese Menschen haben Stärken wie Schwächen. Sie haben normale Probleme, mit anderen zu kommunizieren, oder sie sind sehr impulsiv, ja gefährlich. Sie leiden an Stimmungsschwankungen und haben Schwierigkeiten, Menschen zu vertrauen. Sie haben oft

Probleme mit der Selbstachtung, haben in ihrer Vergangenheit meist Drogen konsumiert. Viele haben außergewöhnliche Familienverhältnisse erlebt. Sie haben die Mutter, den Vater, prügeln sehen, und meist sind sie sexuell missbraucht oder psychisch misshandelt worden. Ich sage nicht, dass derartige Straftäter wie Maudsley nicht auch aus intakten und stabilen Familienverhälnissen kommen können. Aber ich habe es noch nie erlebt.«

Dr. Meux fährt fort: »Wenn jemand geistig gestört ist, habe ich als Psychiater die Pflicht, ihn zu behandeln.«

Dr. Meux hat sich damit abgefunden, dass Häftlinge, die eine gestörte Persönlichkeit haben, weiterhin in Gefängnissen untergebracht werden. Aber er glaubt, dass eine engere Zusammenarbeit zwischen Gefängnissen und psychiatrischen Kliniken notwendig wäre.

Die Gefangenenhilfsgruppe »UNLOCK« (»Aufschließen«) wird geleitet von ehemaligen Straffälligen, die sich in Einzelhaft befanden. Bobby Cummines, Abgeordneter und Chef von »UNLOCK«, kann sich sehr gut vorstellen, wie das Leben von Maudsley abläuft: Als Häftling im Albany-Gefängnis auf der Isle of Wight war auch er in Einzelhaft, nachdem er das Gefängnispersonal bedroht hatte. Er sagt: »Da gibt es keinen menschlichen Kontakt, weil die Wachleute dich ignorieren. Das Essen ist normalerweise kalt, weil die in Einzelhaft Einsitzenden es erst bekommen, wenn alle anderen gegessen haben. Es ist allgemein bekannt, dass die Gefängniswärter häufig in dein Essen urinieren, aber was willst du machen? Wer bist du schon, dass du dich beschweren könntest? Es ist ein Krieg der Zermürbung zwischen dir und ihnen. Wir nennen die Einzelhaft »ghost train«, Geisterbahn, weil du dich im Kreis bewegst und niemand dir sagt, wo du stehst. Ich war dort dreißig Tage, und ich habe diese Hölle nur überstanden, weil ich mich mit Yoga beschäftigte. Man ist völlig auf sich gestellt, und alle dort sind selbstmordgefährdet. Es ist barbarisch. Wenn jemand ein Tier auf diese Weise behandeln würde, man würde ihn einsperren.«

Freddy Apfel, Maudsleys Anwalt von 1979, prophezeite schon damals, als die Verhandlung zu Ende war: »Er wird wie ein Tier gefangen gehalten werden, für den Rest seines Lebens. Es wird keinerlei Bemühungen geben, ihn zu behandeln.«

Maudsley hat seinen letzten Rechtsanwalt, Simon Creighton, nach eigenen Angaben niemals außerhalb der Gerichtstermine getroffen. Sie kommunizierten per Brief und gelegentlich per Telefon. Simon Creighton weist darauf hin, dass Maudsley seit mehr als 20 Jahren in Einzelhaft gehalten wird.

Creighton sagt: »Niemals wurde ein Versuch unternommen, die Umstände seiner Haft zu überprüfen und mit ihm einen Langzeitplan für seine Zukunft aufzustellen und eine Behandlung zu garantieren. Dabei ist das Gefängnispersonal dazu verpflichtet, Behandlungen zu garantieren und die Häftlinge zu ermutigen und zu fördern, ein gutes und nützliches Leben zu führen. Es ist schockierend, dass diese gesetzlichen Verpflichtungen ignoriert werden und dass die Autoritäten sich damit einverstanden erklären, dass ein Häftling im Gefängnis vermodert. Statt Steuergelder für Hochsicherheitstrakte auszugeben, sollte man lieber nach Langzeitlösungen suchen.«

Roberts Gefängnisalltag bleibt also weiterhin finster und öde. Er ist jetzt 46 Jahre alt. Er hat die Hälfte seines Lebens in einem nackten, kahlen Raum verbracht. Sein einziges Fenster ist mit mattierten Glasbausteinen vermauert. Seine Sicht auf die Außenwelt ist begrenzt auf einen Zentimeter Himmel. Ob er ihn noch sieht?

Frances Crook von der »Howard League for Mental Reform« ist der Meinung: »Wir sollten erkennen, dass psychopathische Mörder, die als unheilbar bezeichnet werden, nicht menschlicher werden, sondern weiter verrohen, wenn sie im Gefängnis gehalten werden. Es geht deshalb darum, Wege zu finden, um gefährliche Leute in menschenwürdiger Form unterzubringen.«

David Shaw, Direktor der Strafanstalt in Wakefield, sieht das Ganze aus einer anderen Perspektive: »Als Direktor eines Gefängnisses muss man das Risiko für die Mitgefangenen möglichst gering halten. Es ist notwendig, ständige Risiken zu vermeiden. Wenn Häftlinge sich total weigern, mit uns zu kooperieren – das war im Fall Maudsley so –, bin ich nicht bereit zu sagen, dass sich das Risiko verringert hat. Unter solchen Umständen wird der Häftling zum Risikofaktor.«

1979 berief sich Freddy Apfel, als er Maudsley verteidigte, auch auf die Worte eines höheren Gefangenenaufsehers, die er sich eingeprägt hatte. Der Aufseher sagte: »Von allen Häftlingen, mit denen ich in Wakefield zu tun habe, bereitet mir dieser Mann die größten Sorgen. Was tut dieser Robert John Maudsley in unserem Gefängnissystem? Er hat hier nichts zu suchen.«

Martin Narey, Generaldirektor des Gefängnispersonals, rechtfertigt die Praxis der Einzelhaft: »Wir haben nur eine winzige Anzahl von Häftlingen, die in Einzelhaft einsitzen. Indem wir sie separat halten, schützen wir die große Zahl der anderen Häftlinge. Wir haben es hier mit Gefangenen zu tun, die andere Häftlinge als Geiseln nahmen oder sogar töteten. Der Frieden wäre gestört, wenn wir ein zivilisierteres Gefängnissystem einführen würden.«

Ein ehemaliger, mittlerweile pensionierter Gefängniswärter der Strafanstalt in Wakefield gibt ihm Recht: »Robert John Maudsley ist ein Mensch von einer völlig anderen Art als die Gefangenen, die ich in dieser Anstalt jahrzehntelang beobachten konnte. Die meiste Zeit über verursacht er keinerlei Probleme, aber seine moralische Verfassung ist nicht die eines normalen Menschen. Er ist wahnsinnig und äußerst gefährlich. Menschen wie er hatten in ihrem Leben zu wenig soziale Kontakte, und das schlägt sie zurück auf ihre bloße Existenz.«

»Er hat nie in seinem Leben Liebe empfangen«

Ein renommierter Londoner Psychologe äußert im Gespräch mit einem Journalisten die Meinung: »Wer unter einer psychischen Störung wie dieser Mann leidet, lässt sich von seinen Morden nicht abhalten. Er vollbringt seine Taten in einem Zustand der verminderten Steuerungsfähigkeit. Wenn ein Straftäter wie Robert Maudsley in solchen menschenverachtenden Isolationszellen gehalten wird, dann wirft das ein trauriges Licht auf unsere gesellschaftlichen Verhältnisse. In allen Gefängnissen gibt es zu wenige Psychologen, vor allem aber gibt es zu wenige Therapieplätze und Therapeuten, die mit solchen Extremtätern verantwortungsvoll umgehen könnten.«
Der Journalist fragt den Experten verwundert: »Sind Sie nicht der Meinung, dass ein ›verantwortungsvolles‹ Verhalten diesen Menschen gegenüber nicht ein wenig zu viel Verständnis voraussetzt? Werden hier nicht die Grenzen zwischen Realität und Wunschdenken sehr stark und geschickt verwischt? Glauben Sie wirklich, dass ein solcher Täter wie Maudsley, der Lust am Töten hat, therapierbar ist? Ich wahrlich nicht.«
»Sie sehen das Problem viel zu emotional«, kontert der Psy-

chploge. »Dabei müssten Sie es doch eigentlich besser verstehen können. Sie haben schon so oft in die Abgründe der menschlichen Seele, speziell der von Serientätern, blicken können. Wir bekommen solche Menschen sehr, sehr selten zu Gesicht.«

»Gibt es überhaupt einen Täter dieses Kalibers, den Sie für nicht therapierbar halten?«

»Nein, denn der Schlüssel, zum Serienkiller zu werden, liegt in seinem Seelenleben. Er hat nie in seinem Leben Liebe empfangen, deshalb kann er auch keine geben. Menschen sind für ihn keine Lebewesen, er sieht sie als das Objekt seiner Begierde. Es gibt keinen Serientäter, dessen Kindheit ohne Vorzeichen verlaufen ist. Kein Mensch wird als ein solcher Zombie geboren. Sie alle haben in ihrer Kindheit keine Liebe empfangen. Viele dieser Eltern waren alkohol- oder drogensüchtig. Der berühmte Robert K. Ressler, ein ehemaliger FBI-Agent vom Sonderdezernat Serienkiller« – berichtet er weiter und liest dabei aus dessen Biografie vor – »hat einmal geschrieben: ›Kinder, die zu Mördern heranwachsen, sehen die Welt aus einer ausschließlich auf sich selbst bezogenen Perspektive. Oft mussten sie zusehen, wie ein Mann – es muss nicht ihr Vater gewesen sein – ihre Mutter vergewaltigte und schlug. Meist wurden sie auch selbst geschlagen und von ihrem Stiefvater oder im schlimmsten Fall von ihrem eigenen Vater missbraucht! Solche Erlebnisse machen sie zu gefährlichen Einzelgängern. Sie konzentrieren sich nur noch auf ihre eigene Person und entwickeln dabei die perversesten Phantasien.

Die Hälfte aller Serientäter berichtet, nie ein sexuelles Erlebnis gehabt zu haben, das von beiden Seiten gewollt war. Die gestörte Sexualität ist die Triebfeder aller Morde. Die Täter stehen dann unter dem ständigen Zwang ihrer Phan-

166

tasien. Nur in ihrer Gedankenwelt haben sie die totale Kontrolle über andere. Die Macht, andere Menschen zu besitzen, erregt sie vor allem sexuell. Viele befriedigen sich anfangs mithilfe von geeigneten Pornoheften, dann begehen sie erste Fetischdiebstähle. Manche stechen Tieren die Augen aus. Wenn all dies nicht mehr genügt, sie zu befriedigen, kommt es zum ersten Mord.«

Der Journalist schaltet sich wieder ein: »Und solche Bestien wollen Sie therapieren? Alle Serientäter, mit denen ich Kontakt hatte – und das waren viele –, haben mir in persönlichen Gesprächen gestanden, dass sie es sofort wieder tun würden, wenn man sie freiließe. Der wahrscheinlich größte Serienmörder unserer Zeit, Leszek Pekalski, ging noch weiter. Er sagte wortwörtlich: ›Wenn ich nochmals freikomme, werde ich es geschickter angehen als bisher. Sie würden mich bestimmt nicht mehr so schnell erwischen. Und meine nächsten Opfer müssten noch viel mehr leiden, für alles, was man mir hier im Gefängnis angetan hat.‹ Oder betrachten Sie die hohe Rückfallquote von psychisch kranken Mördern, die nicht in einem Gefängnis verwahrt, sondern in geschlossenen Anstalten therapiert wurden. Das Unverständnis der Bevölkerung angesichts von Freigängen und frühzeitigen Entlassungen solcher Täter wächst meiner Ansicht nach zu Recht.«

Das Gespräch dauert mehrere Stunden. Tatsache ist, dass viele solcher Täter aufgrund psychologischer Gutachten vom Gericht für nicht zurechnungsfähig erklärt werden. Dadurch gelangen die meisten dieser Täter nicht in den Regelvollzug, sondern in geschlossene Anstalten. Nur bei einer günstigen Prognose der Psychologen gewährt das Gericht dem Mörder eine vorzeitige Entlassung.

»Ich habe mich in dem Menschen getäuscht, das muss ich zugeben.« Das ist die häufigste Entschuldigung dieser

Experten, wenn ihr Patient nach der Entlassung oder auf Freigängen erneut tötet. Wie sagt der von dem Psychiater zitierte Robert K. Ressler: »In die tiefsten Abgründe dieser Täter kann man nicht blicken. Ihre Seele lässt sich nicht ergründen.«

Dieser Mann hat die Täterprofile der meisten amerikanischen Serienmörder erstellt, unter anderem das von Jeffrey Dahmer. Ressler führte die Verhandlungen nach deren Verhaftung und hat sich über Monate nur mit diesen Menschen beschäftigt. Er war es auch, den man für das Drehbuch des Films »Das Schweigen der Lämmer« zu Rate gezogen hat.

In einem Interview klagt er: »Filme wie ›Das Schweigen der Lämmer‹ haben leider den Nebeneffekt, dass Serienkiller allmählich zu Popstars werden. Es gibt mittlerweile sogar ein Musical mit dem Titel ›Charly‹, und von den Plakaten in New York grinst Charles Manson.* Das ist doch verrückt. Ich habe mich lange mit Charles Manson unterhalten und weiß, wie gefährlich er ist. Dass Ed Gein, der zehn Menschen zerstückelte, ihnen Beine und Köpfe abtrennte, als Vorlage für ›Psycho‹ und ›Das Kettensägenmassaker‹ diente, ist zum Glück nicht so bekannt. John Gacy aber, der 33 Menschen ermordete, und Richard Trenton Chase, der ›Vampir-Killer‹ aus Sacramento in Kalifornien, in dessen Haus die Polizei ein Rührgerät fand, mit dem er aus dem Blut seiner Opfer Cocktails mixte, bekamen körbeweise Fanpost. Den meisten seiner Fans schickte er bis zu seiner Hinrichtung selbst gemalte Zeichnungen und Bilder. Außerdem ist in Amerika ein Kartenspiel auf dem Markt mit Fotos der berüchtigtsten Serien-

*Anm.: Charles Manson war Oberhaupt einer satanischen Killersekte aus Kalifornien. Ihr berühmtestes Opfer war Sharon Tate, die hochschwangere Lebensgefährtin des weltberühmten Regisseurs Roman Polanski.

und Massenmörder, mit der jeweiligen Zahl ihrer Morde und einer detaillierten Beschreibung ihrer Vorgehensweise. So werden Serienmorde banalisiert und kommerzialisiert. Und keiner spricht von den Opfern.«

Vielleicht hat die verantwortliche Justizbehörde der Strafanstalt von Wakefield dieses Interview mit Robert K. Ressler, einem der bedeutendsten Kriminalisten der USA, gelesen. Der heute 60-jährige Ressler schuf die Abteilung für Verhaltungsforschung beim FBI und leitete jahrelang eine Sondereinheit der Bundespolizei zur Ergreifung von Gewaltverbrechern. Ressler war es, der den Begriff des Serientäters prägte.

Sonderkommissionen auf der ganzen Welt lassen sich von Ressler beraten, wenn nach einem Serientäter gesucht wird. Mittels Tatortspuren fertigt er ein minutiöses Psychogramm des Mörders – so genau, als habe er den Täter persönlich gekannt.

Dank seiner überaus präzisen Analysen konnten zahlreiche Serienmörder gefasst und dingfest gemacht werden. Inzwischen kann er bereits Wesentliches über einen Täter allein aus Tatortfotos und Polizeiprotokollen ersehen: ob ein Täter schwarz oder weiß, dick oder dünn ist, ob er intelligent ist oder nicht. Er ist auf der ganzen Welt, nicht nur in Amerika, ein gefragter Mann. Egal, ob in Japan oder Österreich ein Serienkiller gesucht wird – Ressler weiß Rat, wie und wo man den Täter suchen und ergreifen kann. Seine Erfolge haben sich längst auf der ganzen Welt herumgesprochen.

»Ressler«, so berichtet einer der höchsten Beamten des FBI heute, »ist kein Wahrsager oder Phantast, er ist ein Realist.«

▌ Nicht nur Robert Maudsley

Robert John Maudsley ist nicht der einzige Serientäter Europas, der zur Zeit im Gespräch ist. Seit Beginn des Jahres 2000 sitzt in Großbritannien ein weiterer Täter der besonderen Art ein. Ein Mann, der ebenfalls in die Annalen der Serienmörder eingehen wird. Es ist Dr. med. Harold Shipman, ein 55-jähriger Akademiker, verheiratet und Vater von vier Kindern. Dr. Shipman, ein Landarzt, der bei seinen Patienten äußerst beliebt war, wurde wegen 15-fachen Mordes verurteilt.

Seit 1977 praktizierte der Humanmediziner in Hyde, einem Vorort von Manchester. Die Polizei ermittelt in diesem Kriminalfall der Extraklasse nicht mehr weiter. Man vermutet, dass sich die Zahl der Opfer auf 345 erhöhen könnte. Die TIMES nennt ihn in einem ihrer Artikel den »britischen Dr. Mengele«.

»Der abscheulichste und größte Dr. med. Frauenkiller aller Zeiten«, überschreibt ein anderes Blatt seinen Bericht. Eine große Gazette mutmaßt: »Wahrscheinlich der größte Serienkiller unseres Jahrhunderts.«

»Keine spektakulären Blutszenen, keine entstellten Leichen, kein erkennbares Motiv. Was sollen wir darüber berichten?«, meint ein bekannter deutscher Chefredakteur. »Es zählt nicht die Vielzahl der Opfer, es zählt der Nervenkitzel.«

Menschenverachtend und listig funkelt der Blick des mörderischen Arztes durch die Goldbrille. Eiskalt und berechnend sind seine Augen. Furcht kommt auf, wenn man Dr. Shipman gegenübersitzt. Sein Gesicht wird durch einen grauen Vollbart verhüllt. Sein gepflegtes Erscheinungsbild hat nicht nur die Patienten beeindruckt. Auch im Knast gibt er sich als Akademiker. Er spricht nicht mit den Mitgefangenen. Er lebt in seiner eigenen Welt hinter den Mauern des Grauens.

Ein süffisantes Lächeln umgibt seine Lippen. Er wirkt überlegen. Jedem Besucher, den er empfängt, zeigt er, dass er etwas Besonderes ist. Offensichtlich glaubt er noch immer, er sei Herr über Leben und Tod. Und noch immer genießt er die Ansprache seiner Person als Doktor. Er legt großen Wert auf diese Anrede, obwohl ihm der Titel »Dr. hc. des Todes« besser stehen würde.

Die Vollzugsbeamten haben Hemmungen vor diesem gebildeten Mann. Zu gewählt versteht er es, sich auszudrücken, seine Wünsche zu äußern − und davon hat er genügend. Ständig verlangt er ein Ende seines Exils. Er fordert ein Ende der Qualen, die man ihm »ungerechterweise« zufügt, wie er immer betont. Durchdringend ist sein Blick. Der Mann strahlt unvorstellbare Kälte aus, und man versteht die Opfer nicht, die sich diesem Killer in Weiß anvertraut haben.

Ältere Frauen, von denen man annimmt, dass sie über genug Lebenserfahrung verfügen, haben nur ein Urteil über diesen Mann abzugeben: »Er hat sich immer um uns gekümmert, wenn wir mal Schmerzen hatten. Aber nicht nur bei körperlichen Gebrechen, auch wenn unsere Seele krank war, hatte er ein offenes Ohr.«

Keine dieser Frauen erkannte die Hinterhältigkeit Shipmans. Sie waren froh, einen Menschen gefunden zu haben, der ihnen zuhört. Dabei wollte Shipman nur wissen, ob es bei den älteren Frauen etwas zu erben gab. Aus diesem Grunde nahm er sich Zeit für die Witwen des Landes. Die Frauen, die über Immobilienbesitz verfügten, interessierten ihn ganz besonders. Glaubte er daran, dass von den alten Damen etwas zu holen sei, verlor er alle Hemmungen. Nun galt es für ihn, an ihr Vermögen zu kommen. Das

172

war aber nur über ihren Tod möglich. Shipman löste das Problem mit einer kleinen Injektion.

Meist starben die alten Damen plötzlich und unerwartet, oft nach einer Routineuntersuchung, wie bei den Müttern von Helen Blackwell, Betty Clayton und Breda Hurst.

Doktor Shipman sitzt in strengster Einzelhaft. Er ist in einer Spezialzelle mit gläserner Tür untergebracht. Wie die Boulevardzeitung SUN berichtet, sind vor der Glastür seines Käfigs stets Wachen postiert, die ihn rund um die Uhr beobachten, sogar dann, wenn er zur Toilette geht.

Ein Insider verrät: »Es herrscht große Besorgnis, dass er versuchen könnte, sich umzubringen. Denn offensichtlich wird ihm langsam klar, dass er niemals mehr freikommen wird. Ursprünglich sollte Shipman zunächst einige Zeit in einem Gefängnis in Manchester verbringen, bis endgültig entschieden wird, wo er seine Haftstrafe verbüßen muss. Er wurde aber schon nach wenigen Tagen nach Frankland verlegt, als zwei Wärter enthüllten, dass ihre Mütter mutmaßliche Opfer von Shipman sind.

Shipman selbst hat sich bereits über die Verlegung beklagt. Er sagte, er sei unglücklich, weil seine Frau und seine vier Kinder jetzt noch weiter reisen müssten, um ihn besuchen zu können.«

Seit der Verurteilung zu »15 Mal lebenslänglich« schweigt der inhaftierte Mediziner. Eiskalt blicken seine grauen Augen durch die goldene Brille. Sein gepflegter grauer Vollbart und seine gewählte Sprache verleihen ihm noch immer den Anschein der Seriosität.

Im Januar 2001 legte der berühmte Professor Richard Baker von der Universität in Leicester ein von der englischen Regierung in Auftrag gegebenes Gutachten über das Wirken des Dr. Shipman vor. In dessen 26-jähriger ärztlicher Laufbahn gab es demnach 521 Todesfälle. Alle diese

Todesfälle hat Shipman in fein säuberlich geführten Unterlagen penibel dokumentiert.

Der als Familiendoktor bekannte Arzt hat zwischen den Jahren 1974 bis 1998 vor allem ältere Damen in den Tod geschickt. Meistens verabreichte er ihnen eine Überdosis Diamorphin, ein starkes Beruhigungsmittel.

Seine medizinischen Diagnosen, meist Infarkt oder Thrombose, ließen die nichtsahnenden Angehörigen nicht misstrauisch werden, obwohl die Patientinnen ihrer Einschätzung nach nicht selten kerngesunde Frauen mit einer hohen Lebenserwartung waren. Shipman verstand es, die Angehörigen seiner Opfer glauben zu machen, alles wäre nur ein Zusammentreffen unglücklicher Umstände. Niemand schöpfte Verdacht. Zu beliebt und geachtet war dieser Arzt, zu positiv waren die Berichte all seiner Patientinnen immer gewesen.

Auch seine Frau Primrose sah in ihm den aufopfernden Vater ihrer Kinder und fürsorglichen Landarzt. Sie glaubt noch immer nicht den Untersuchungsberichten Prof. Bakers, der eindeutig feststellte, dass Shipmans Todesrate erheblich höher liegt als die seiner ebenfalls überpüften Kollegen. Die erstellte Statistik zeigt weiter auf, dass in der Regel bei 80 Prozent der Toten die Familienangehörigen den Kranken in den letzten Minuten begleiteten. Bei Dr. Shipman waren es 40 Prozent!

Dr. Shipman war bei 20 Prozent seiner Patienten persönlich am Totenbett, seine Kollegen waren nur bei 0,8 Prozent ihrer Todesfälle selbst anwesend. In den übrigen Fällen starben seine Patienten innerhalb von 30 Minuten nach seinem letzten Hausbesuch.

Die in Großbritannien zuständige Behörde »CORONER«, die die Todesfälle in Arztpraxen amtlich zu bestätigen hat, hatte nie einen Verdacht geschöpft. Nur einmal rügte sie die häufige Verschreibung des Beruhigungsmittels Pethidin. Dies war bereits drei Jahre nach seiner ersten Niederlassung in Yorkshire. Sein unverhältnismäßig hoher Verbrauch an Diamorphin wurde nie zur Kenntnis genommen. Doch gerade an einer Überdosis dieses Medikamentes starben die meisten der zwischen 68 und 75 Jahre alten Damen. Die Patientinnen starben häufig nach nur wenigen Minuten. Meist gegen 15 Uhr, nach einem Hausbesuch ihres so beliebten Dr. Shipman. Die amtliche Statistik zeigt, dass zu dieser Tageszeit normalerweise die wenigsten Todesfälle eintreten.

Professor Baker zitiert eine typische persönliche Notiz Dr. Shipmans: »Ich besuchte die Patientin zu Hause, stellte die Diagnose, rief nach einem ambulanten Transport. Die Patientin war tot, als ich wieder nachsah. Alles innerhalb von zehn Minuten.«

Als »CORONER« Verdacht schöpfte und Dr. Shipmans Unterlagen überprüfte, waren ca. 345 obiger Eintragungen erfolgt.

Die ganze Wahrheit wird man in diesem Fall wohl nie erfahren. Dr. Shipman schwieg während der gesamten Verhandlung. War es die kindliche Erinnerung an seine Mutter, die ihn zum größten Serienmörder Europas werden ließ? Auch seine Mutter wurde kurz vor ihrem Tod – sie verstarb offensichtlich an Krebs – mit Diamorphin behandelt. Das ist dasselbe Medikament, das Shipman all seinen plötzlich verstorbenen Patientinnen gegeben hatte.

Seine Taten wären wohl nie aufgedeckt worden, hätte Dr. Shipman nicht das Testament der 81-jährigen Patientin Kathleen Grundy zu seinen Gunsten gefälscht. Doch die Enkelin der alten Frau konnte nicht glauben, dass ihre Großmutter nicht sie in ihrem Testament bedachte, sondern ihren Hausarzt. Sie ließ die Urkunde überprüfen.

Die Graphologen erkannten den stümperhaften Betrug und verständigten die Polizei. Damit kamen die Ermittlungen gegen Dr. Shipman ins Rollen. Noch einige Monate konnte Dr. Shipman seine Taten verschleiern. Die Polizei wollte sichergehen, dass dieser unbescholtene und angesehene Mann wirklich ein Serienmörder war.

Er, der brave Familienvater und honorige Staatsbürger, verstand es lange genug, die Behörden zu täuschen. Bis er wieder zuschlug. Wieder an einem Nachmittag zur Teezeit. Eine alte Dame hatte ihn um einen Hausbesuch gebeten. Die Polizei nahm ihn fest.

Einen neuen Prozess gegen Dr. Shipman wird es trotz der unzähligen Beweise nicht mehr geben. England sieht sich außerstande, eine unvoreingenommene Jury für eine solche Verhandlung zu finden. Zu groß war der Medienrummel auf der Insel. Jedes Detail seiner Taten wurde vorab in den Zeitungen breitgetreten. Zu viele seiner Opfer wurden feuerbestattet, sodass alle Beweismittel vernichtet sind.

»Ich glaube, 15 Mal ›Lebenslänglich‹ ist genug!«, sagt eine Prozessbeobachterin. »Ein weiterer Prozess würde nur sehr viel Geld verschlingen, wofür? Das macht die Menschen auch nicht mehr lebendig. Und er, dieser Verbrecher, kommt sowieso nicht mehr aus dem Gefängnis«, kommentiert ein Justizange-stellter das Urteil.

Doch die Regierung und die Justiz Großbritanniens haben aus diesem Fall gelernt. Es wird eine Regierungskommission eingesetzt, die die praktizierenden Ärzte des Landes schärfer kontrolliert und verhindert, dass sich ein Fall Dr. Shipman wiederholt. Die Vorsitzende Richterin Janet Smith erarbeitet derzeit Richtlinien für die bessere Überprüfung von Ärzten. Leider kommt das für unzählige Menschen zu spät.

Monate nach seiner Verurteilung werden die Haftbedingungen gegen Dr. Shipman gelockert. Die Gefängnisleitung des Frankland-Gefängnisses beschließt, dass der Gefangene arbeiten darf. Der hochintelligente Akademiker hat in seiner Haft die Brailleschrift (Blindenschrift) gelernt und überträgt nun die Harry-Potter-Romane der Schriftstellerin Joanne Rowling.

»Es ist eine Arbeit, die mich erfüllt, weil sie Sehbehinderten und Blinden hilft, ihr schweres Leid zu lindern«, gibt Dr. Shipman einem Journalisten zu verstehen.

Großbritannien schmückt sich nicht gern mit der langen Liste seiner Serien- und Massenmörder. Angeführt wird die Liste von dem wohl berühmtesten Briten der Kriminalgeschichte, von »Jack the Ripper«, der sechs Prostituierte mit einem Messer zerstückelte. Unter den weiteren Serienmördern sind Ian Brady und Myra Hindley (9 Opfer), Reginald Christie (8 Opfer), John Haigh (6 Opfer) und Jean-Pierre Allain (5 Opfer). Leider könnte die Liste fast endlos weitergeführt werden.

Die berüchtigten Strafanstalten Großbritanniens, Wakefield, Frankland und Durham, sind überfüllt. Aus allen Gängen ertönt der Ruf der Gefangenen nach gerechter Bestrafung. Der Bankräuber will nicht länger mit Mördern des Kalibers Robert John Maudsley oder Dr. Shipman untergebracht sein. Denn die Adresse der Vergangenheit verbaut den Tätern ihre Zukunft. Ausgestoßene bleiben sie, die nach Verbüßung ihrer Strafe auf Rehabilitation hofften. Viele suchen nach ihrer Entlassung eine neue Chance. Für die meisten bleibt das ein Wunschtraum.

Ihre Zukunft? Ohne Wohnung und Arbeit? Die Familie hat sich längst von ihnen abgewandt. Was bleibt? Erneute Straftaten. Erneute Haft. So kommen sie ungewollt wieder zurück zu Dr. Shipman und Robert John Maudsley.

Und wie geht es Dr. Shipman? Eine Zeitung schreibt: »Der schreckliche Dr. Shipman, der Landarzt aus England, der 297 Frauen totspritzte, sitzt im Gefängnis von Durham und jammert: ›Hier ist es zu kalt‹. Dabei geht es ihm besser als vielen anderen Insassen. Seine Zelle ist überdurchschnittlich groß. Er hat einen Farbfernseher, hat die Möglichkeit, Billard zu spielen, und darf lange Spaziergänge im Hof machen. Harold Shipman (54) trainiert außerdem fleißig sein Gedächtnis. Er schaut fast jeden Abend ›Wer wird Millionär?‹ und liebt es, mitzuraten.«

Darf man den Berichten der Presse Glauben schenken, geht es diesem Massenmörder im Gefängnis von Durham heute vergleichsweise gut.

Robert John Maudsley hat solche Hafterleichterungen in seiner Strafanstalt noch nicht genießen dürfen. Trotz aller Bemühungen prominenter Persönlichkeiten wurden seine Haftbedingungen noch nicht verbessert. Er jammert nicht wegen der Kälte in seiner Zelle. Er fleht um Hilfe, denn er kann sein Leben unter den bestehenden Verhältnissen nicht mehr ertragen. Maudsley bittet um einen Wellensittich, und er verspricht: »Ich werde ihn nicht essen.«

Epilog

»Schenkt mir einen Wellensittich«, ruft ein kleiner Junge am Piccadilly Circus den Menschen auf der Straße zu. Es ist Donnerstag, der 23. März 2000, und die oft griesgrämig dreinblickenden Leute wollen zur Arbeit in die Londoner Innenstadt.

Der Kleine versucht, ein Paket Zeitungen, das ihm viel zu schwer ist, an den Mann zu bringen. Es ist die neueste Ausgabe der TIMES. Verwundert stellen die Passanten fest, dass es nicht der Wunsch des kleinen Jungen ist, den er da lauthals proklamiert, sondern der Aufmacher einer der meistgelesenen Tageszeitungen des Landes. Den Artikel schrieb die junge Journalistin Eva-Ann Prentice in Zusammenarbeit mit ihrem Kollegen Richard Ford.

Die ersten zwei Worte des Berichtes lassen den älteren Menschen unter den Lesern des Artikels das Blut in den Adern erstarren. Der fett gedruckte Name ROBERT MAUDSLEY weckt Erinnerungen. Ein kalter Schauer läuft ihnen über den Rücken, wenn sie an diesen Namen denken. Ein Name, der bis Mitte der achtziger Jahre in England für Aufsehen sorgte. Die Jugendlichen, denen der Name Maudsley noch nicht bekannt ist, werden durch die ältere Generation aufgeklärt. Jahrzehnte hatte man diesen »sanften Riesen«, wie ihn einmal sein eigener Bruder beschrieben hatte, als die scheußlichste Bestie seit »Jack the Ripper« tituliert. Manche sind sogar der Meinung, dass seine Morde schrecklicher und brutaler waren als die seines berühmten Vorgängers.

Vor 26 Jahren hatte die grauenhafte Karriere Maudsleys begonnen. Es ist nicht die Lebensgeschichte dieses Mannes, die noch einmal neu aufbereitet wurde, um die Leser in Angst und Schrecken zu versetzen. Nein, dieser Mann meldet sich von der Straße der Vergessenen zurück. Er will dokumentieren, dass er noch lebt, obwohl ihn viele lieber tot sehen würden.

Abscheu und grenzenloser Ekel überfällt die Leser, wenn sie an die Taten dieses Menschen erinnert werden. Zu neugierig jedoch war die Seele der Wissbegierigen, die erkunden mussten, was aus dem lispelnden Killer mit dem Liverpooler Dialekt und den großen Händen geworden ist. Nach 26 Jahren Haft schafft es dieser Mensch, sich seiner Außenwelt zu offenbaren. Der Journalistin Eva-Ann Prentice ist es gelungen, Kontakt mit dem Serienkiller aufzunehmen. Und nicht nur die englische Nation ist geschockt über das, was dieser Robert Maudsley den Menschen auf diesem Planeten mitzuteilen hat.

Die erste Seite der mehrseitigen Coverstory ist überschrieben mit »Out of sight, out of mind« (»Aus den Augen, aus dem Sinn«). Ein Bild darunter zeigt Robert John Maudsley als kleinen Jungen. Er sitzt auf einer Steintreppe und blickt scheu in die Kamera. Unbeholfen und ängstlich sitzt er da in seinen kurzen Hosen und seinem getupften Hemd, das er unter einem unifarbenen Pullover trägt.

Seite 2 ist überschrieben mit dem Titel »I never thought him troublesome« (»Ich hätte niemals gedacht, dass er Ärger macht«) und zeigt Robert Maudsley beim Schreiben eines Briefes. Das Bild ist untertitelt: »Newspapers have labelled me Britain's Hannibal Lecter« (»Die Zeitungen haben mir den Titel Hannibal Lecter verliehen«).

Die nächste und letzte Seite des Artikels hat die Überschrift »I don't remember him as insane« (»Mir kam er nie verrückt vor«) und zeigt ein Bild von Maudsley in seiner Zelle. Es ist der Raum, in dem er fast ein Vierteljahrhundert verbracht hat. Die Wände sind nicht verputzt. Blanke

Ziegelsteine, wohin man sieht. Ein zugemauertes Fenster, das keinen Blick nach draußen freigibt. Kein Bild an den Wänden. Nur nackter Ziegel. Mit hasserfülltem Gesicht lässt er sich fotografieren. Die Haare sind schulterlang. Seine tief sitzenden Augen glühen vor Aggressivität. Wutentbrannt verzerrt sich sein Mund und gibt die schräg stehenden Zähne des Unterkiefers frei. Man kann verstehen, dass die Wärter dieses Gefängnisses Angst vor ihm haben, nun wahrscheinlich mehr als je zuvor. Sein Gesichtsausdruck ist kämpferisch. Er will erreichen, was er sich in den wirren Kopf gesetzt hat. Er ist zu allem bereit. Der nächste Mord steht in seinen Augen. Dass er einen Wärter ermorden will, sagt er voraus, und die Gefängnisverwaltung zittert. Was er denkt, was er fühlt, schreibt er in einem Brief, der die Nation erschreckt, aber auch ein wenig mitleidig stimmt.

In fast filigraner Schrift, die einzelnen Buchstaben wie gemalt, beschreibt er, was ihm seit seinem Haftantritt vor 26 Jahren bis heute widerfahren ist:

»Wie kommt es nur dazu, dass ich mich in Wakefield in permanenter Einzelhaft befinde? Ich habe zuerst einen Mann da draußen umgebracht. Da fand ich mich in der Krankenabteilung in Broadmoor wieder. Dort habe ich einen Mitpatienten getötet und kam später nach Wakefield, wo ich zwei weitere Inhaftierte umbrachte. In den Protokollen steht, dass ich die meiste Zeit in Einzelhaft verbracht habe ... Aber nie, weder in Broadmoor noch in einem anderen Gefängnis habe ich psychologische oder psychiatrische Hilfe bekommen. Die verschiedensten Zeitungen haben mich als ›Großbritanniens Hannibal Lecter‹ abgestempelt. Sehr sensationsgierig, ohne Zweifel. Und ich habe in den letzten Jahren viel Post von Leuten bekommen, die den Film ›Das Schweigen der Lämmer‹ gesehen haben und glauben, das wäre ein Porträt meiner Lebensgeschichte. Sollen sie doch glauben, was sie wollen. Ich denke, dass sich die Leute fragen könnten, in welchem Maße die Umwelt und die Behandlung, der ich in Wakefield ausgesetzt war, dazu beigetragen haben, dass ich in einer so wilden Art reagieren konnte. Wie Sie wissen, sehe ich zur Zeit keine Psychologen oder Psychiater. Es scheint, Wakefield ist froh, mich in permanenter Einzelhaft zu halten, nachdem ich Mithäftlinge umbrachte. Alles, was Wakefield seit 1978 getan hat, ist, mich zu verteufeln. Sind wir nicht alle Produkte unserer Umwelt? Sie, Fräulein Prentice, und ich? Hängen nicht unsere Meinungen, unser Glauben etc. davon ab, wie wir unsere Umwelt wahrnehmen? Die Gefängnisleitung von Wakefield sieht mich als Problem. Sie löst das Problem, indem sie mich lebendig begräbt. In einem Käfig, meinem Zementsarg. Aber ist das die endgültige Lösung? Was für ein Ziel steckt dahinter, wenn man mich 23 Stunden am Tag einsperrt. Warum kümmert man sich noch darum, mich zu füttern und mir eine Stunde Auslauf am Tag, Monat für Monat, Jahr für Jahr zu geben, wenn man mir andererseits nicht erlaubt, zu irgendeinem anderen Häftling, nicht einmal durchs Fenster, zu sprechen. Für wen soll ich denn jetzt ein Risiko sein? Ich habe doch nur Vergewaltiger und Pädophile umgebracht. Meine kriminelle Vergangenheit zeigt, dass doch nur diese Gruppe gefährdet ist. Warum das so ist? Ich gebe es zu: Ja, ich bin selber vergewaltigt worden. Ich bin sexuell missbraucht worden von einem solchen Menschen. Und deshalb verachte ich diese Menschen genug, um sie umbringen zu können ... Ich bin nicht dafür verurteilt worden, Gefängniswärter umgebracht zu haben. Und ich bin nicht verurteilt worden, weil ich Gefängniswärter verwundet oder erstochen habe. Und ich kann mir keine Situation vorstellen, wo

182

das passieren könnte. Trotzdem lässt man mich hier ab-
stumpfen, dahinvegetieren, mich zurückentwickeln. Ich
muss meiner Einsamkeit ins Gesicht sehen, vor Menschen,
die Augen haben, aber nicht sehen, die Ohren haben, aber
nicht hören, die Münder haben, aber nicht sprechen. Also
werde ich hier konsequenterweise auch ohne Stimme gelassen. Und die Frage, die ich jedem in Wakefield stelle, ist:
Warum behandelt man mich so?«
Tief beeindruckt nimmt man in England die Aussagen
dieses Mannes zur Kenntnis. Man kann dem Artikel
entnehmen, dass Robert John Maudsley seit Jahrzehnten
keinerlei Kommunikationsmöglichkeiten, nicht einmal mit
Mitgefangenen hatte. Verwunderlich ist nicht nur seine
Schrift, die als akkurat und verschnörkelt, ja geradezu als
Schönschrift beschrieben werden kann.
Dieser »einfältige, dümmliche und äußerst brutale
Mensch«, wie er einmal beschrieben wurde, bildet nun
Sätze, die viele verwundern. Maudsley schreibt Briefe, die
zum Nachdenken anregen. Wie er selbst berichtet, ist es
ihm nicht möglich, mit Mitgefangenen zu kommunizieren.
Aber woher kommt dann sein Wortschatz?
Sein Wörterbuch ist ganz offensichtlich die Bibel gewor-
den. Er muss sehr viel gelesen haben im Buch der Weis-
heiten, dem Buch, auf das jeder Strafgefangene ein Anrecht
hat. Viele lesen es, wenn auch nur, um damit die Zeit tot-
zuschlagen.
Vielleicht ist er auf der Suche nach Erklärungen für seine
Taten, erhofft eine Gnade für sein sinnloses Tun, die ihm
nur der Glaube verschaffen kann.
Er beruft sich in seinem Brief auf die Worte des weisen
Königs David, geschrieben in einer erhabenen Sprache, die
den Leser tief ergreift. In den Psalmen, dem längsten Buch
der Bibel, ist in Kapitel 115, Vers 6/7 zu lesen:

Sie haben einen Mund und reden nicht,
Augen und sehen nicht,
sie haben Ohren und hören nicht,
eine Nase und riechen nicht;
mit ihren Händen können sie nicht greifen,
mit den Füßen nicht gehen,
sie bringen keinen Laut hervor aus ihrer Kehle.

Er schreibt noch einen zweiten Brief, der die Leitung der Strafanstalt Wakefield zum Nachdenken bringen und in höchste Alarmbereitschaft versetzen sollte:
»Vielen Dank, dass Sie das Thema meiner mentalen und physischen Gesundheit aufgenommen haben ... Es mag Sie interessieren, zu wissen, dass ich nicht einmal telefonieren oder an MIND (Gesellschaft für geistige Gesundheit) schreiben darf, noch an die Samariter. Wenn ich doch nur mit jemandem sprechen und ihm meine Probleme mitteilen könnte. Nach meiner jetzigen Behandlung und Inhaftierung muss ich die Schlussfolgerung ziehen, dass alles, auf was ich hoffen kann, tatsächlich ein psychologischer Zusammenbruch, eine Geisteskrankheit oder vielleicht der Selbstmord ist. Häftlinge wie ich bekommen nichts von der Gefängnisbehörde, deshalb sind wir auch frei von jeglicher Verantwortung. Deshalb können wir auch wählen, wie wir uns verhalten, je nachdem, was uns unser Bewusstsein – oder Unterbewusstsein – diktiert. Meine Gefühle von Ärger, Hass, Frustration und ultimativer Hoffnungslosigkeit gebe ich offen zu ... Braucht es erst den Tod eines weiteren Häftlings oder eines Gefängniswärters, bevor die Behörden solche Themen anfassen? Ich hoffe nicht. Warum kann ich keinen Fernseher in meiner Zelle haben, um die Welt zu sehen und davon zu lernen. Warum kann ich keine Musikkassetten haben, um schöne, klassische

Musik zu hören? Warum kann ich keinen Wellensittich statt der Fliegen, Kakerlaken und Spinnen haben? Ich verspreche auch, ihn zu lieben – und ihn nicht zu essen. Warum kann ich statt der dreckigen, feuchten Flecken keine schönen und erstaunlichen Bilder an meinen Wänden haben? Warum darf ich nicht einmal Briefmarken besitzen, damit ich Kontakt zu meiner Familie, zu Freunden und anderen Menschen, die mich anschreiben, aufnehmen kann? Wenn die Gefängnisleitung ›Nein‹ sagt, bitte ich um eine einfache Zyanidkapsel, die ich gerne einnehmen werde und die das Problem von Robert John Maudsley einfach und schnell lösen kann.

Vielen Dank.«

(Der Brief ist mit seinem Namen und seiner Häftlingsnummer unterschrieben.)

Seine Augen blicken fast furchtsam in seiner einsamen Zelle des Grauens. Exzesse der Gewalt liegen hinter ihm. Als er sich vor 26 Jahren freiwillig stellte, begann sein Trip in die Hölle, deren glühendem Feuer er seitdem nicht mehr entrinnen kann.

Verfolgt und recherchiert man die Geschichte dieses Mannes, der zu Recht im Gefängnis sitzt, wünscht man ihm zwar keine Gnade. Aber ein klein wenig Beachtung. In den letzten Jahrzehnten wurden unzählige Hilfsorganisationen gegründet, die für die artgerechte Haltung von Tieren eintreten. Man würde sich wünschen, dass Robert Maudsley Ähnliches widerfährt.

Sollte das Leben eines Menschen, und sei es auch das eines Mörders, nicht höher geachtet werden als das eines Tieres? Lasst ihn nicht frei. Jeder Tag soll ihn an seine Taten erinnern. Aber einen Menschen 23 Stunden des Tages nur Zentimeter des Firmamentes sehen zu lassen, das ist barbarische Quälerei. Wir leben im Jahre 2001 und wollen nicht mehr Zustände wie im Mittelalter, auch nicht im Gefängnis.

Maudsley brüllt in seiner Zelle wie ein langmähniger Löwe, um ein klein wenig Beachtung zu finden. Wirkliches Glück hat er nie erlebt. Nie in seinem Leben fand er Wärme, Verständnis und Geborgenheit. Täglich versprach er seinem Vater, sich zu bessern, und erduldete dabei dessen unsägliche und sadistische sexuelle Misshandlungen. Was er heute mitzuteilen hat, sind die Bekenntnisse einer unglücklichen Kindheit. Maudsley, psychisch am Ende, glaubt am Wendepunkt seines Lebens zu stehen. Er sieht sich, völlig abgeschirmt von der Gesellschaft, zunehmend als Opfer. Er versucht, seine unerträglichen Gedanken und mörderischen Phantasien zu minimieren. Seine Taten sind mit nichts zu entschuldigen und können mit nichts gesühnt werden. Auch nicht mit seinem Tod oder seinem Selbstmord. Seine Opfer hat er zwar ausgewählt, sogar ausspioniert, aber er gehört nicht in jene Kategorie der Serienkiller, die eine raffinierte Logistik entwickelt haben.

Blutrot ist die Tinte, mit der diese Ausgeburten der Hölle schreiben, und doch schreiben sie ein Kapitel unserer Zeitgeschichte, zeichnen auf und halten uns einen Spiegel vor das Gesicht, ob es uns gefällt oder nicht. Auch der sanfte Riese, der angeblich ohne Skrupel das Hirn eines anderen Menschen verspeiste, ist ein Mitbewohner unserer Welt. Das gibt uns nicht das Recht, noch barbarischer zu sein und Folter zu erlauben wie vor hunderten von Jahren.

In den Psalmen, aus denen Robert John Maudsley zitierte, heißt es auch (Psalm 102):

»Denn der Herr schaut herab aus heiliger Höhe, vom Himmel blickt er auf die Erde nieder; er will auf das Seufzen der Gefangenen hören und alle befreien, die dem Tod geweiht sind.«

Ein wenig sollte man auch das Seufzen des Robert John Maudsley erhören und vielleicht sogar seinen Wunsch nach einem Wellensittich erfüllen. Anzunehmen ist, dass er dieses Tier die Liebe verspüren lässt, die er sein ganzes Leben vermissen musste.

Grausam, bestialisch waren seine Taten, ohne Rücksicht. Wenn wir uns nicht auf dieselbe Stufe stellen wollen, sollten wir diesem Menschen das Leben ein wenig erleichtern. Zu Recht will niemand seine Taten verstehen können. Und doch ist er auf unsere Hilfe angewiesen, wenn wir ihn schon leben lassen.

Im Dezember 2000 schreibt der Autor dieses Buches den folgenden Brief an Robert Maudsley:

»Sehr geehrter Herr Maudsley,

ich habe Ihren Brief in der Zeitung gelesen, und er hat mich sehr beeindruckt. Den Brief über ein für seine Mitmenschen nicht verständliches Leben wie das Ihre. Sie sind ein Mensch, der lebendig begraben wurde und sich nach dem Licht des Lebens sehnt. Sie haben in Ihrer Kindheit Schmach und Erniedrigungen erlitten. Sie haben Qualen, unermessliche seelische und körperliche Schmerzen erduldet, die das Gehirn des ›draußen‹ Lebenden nicht nachvollziehen kann. Ich sehe Ihr Bild vor mir und lese Ihre Wünsche. Nach einem Wellensittich, einem kleinen hilfsbedürftigen Vogel. Für mich ist nicht nachvollziehbar, warum Sie versichern: ›Ich verspreche, ihn zu lieben – und ihn nicht zu essen.‹ Man berichtet so viel über Sie und Ihre Taten. Man weiß, Sie töteten vier Menschen. Sie löffelten und aßen das Gehirn aus dem geöffneten Schädel eines Ihrer Opfer. Wollten Sie das Gedächtnis eines Menschen aus-

löschen, in sich aufnehmen, was Sie an so viel selbst erlebtes Leid erinnert hat? Wie wären Sie ohne Hilfsmittel an den Geist eines Menschen herangekommen? Haben Sie versucht, das zu vernichten, was einen Menschen dazu bringt, pädophil oder zum Vergewaltiger gegen das eigene Geschlecht zu werden? Haben Sie versucht, ein wenig das selbst Erlebte zu verdrängen? Ich lese über Ihre Unterbringung und Ihre Haftbedingungen, die mir in der heutigen Zeit mehr als menschenunwürdig erscheinen. Sie schreiben, wenn man Ihnen das Halten des Tieres nicht genehmige, ersuchten Sie um eine Zyanidkapsel, um Ihrem Leben ein Ende setzen zu können ... Sie haben Angst, dass Ihre Seele verwaist – vereinsamt in der Monotonie der alltäglichen, schweren Haftbedingungen ...
Mit freundlichen Grüßen
Jaques Buval«

Weihnachten 2000 erreicht den Autor die Antwort auf das Schreiben:
»Lieber Jaques,
Vielen Dank für deinen wirklich überraschenden Brief; darf ich dir zuerst das Beste für das kommende Jahr wünschen, ebensolche Grüße auch an deine Familie und Freunde, auch in der Hoffnung, dass eure Feierlichkeiten ähnlich denen sind, wie sie die Mehrheit der Engländer kennt. Ich bin glücklich zu lesen, dass der veröffentlichte Artikel in dir einiges an Sensibilität oder Empfinden erweckt hat, obwohl ich sagen muss, dass es nicht in meinem Interesse lag, meine schrecklichen Verbrechen zu verzaubern oder zu rühmen, sondern lediglich ein Wunsch von mir war, die täglichen Lebensbedingungen meiner Einzelhaft nach einem Zeitraum von 22 Jahren zu erleichtern und zu verbessern. Ich muss hier sofort zu-

geben, Jaques, dass ich niemals zuvor eine Hoffnung gehabt habe, dass jemand wie du mein Leben oder meine Verbrechen inirgendeinem Buch veröffentlicht. Ich finde in der Tat solch eine Idee erschreckend, weil ich glaube, möge ich Recht haben oder nicht, dass bis jetzt kein solches Buch einenSerientäter davon abgehalten hat, sein Leben der Zerstörung oder Verschwendung aufzugeben oder daraus auszubrechen. Du musst dir beim Schreiben deiner Bücher im Klaren darüber sein, Jaques, dass die nächste Generation der Serienkiller von dem Kaliber der Amerikaner J. Dahmer und T. Bundy oder der Engländer D. Neilson und P. Sutcliffe traurigerweise noch arbeiten, wie man so sagt, und dass es nur vom Zeitpunkt ihrer Entdeckung abhängt, wann sie der Öffentlichkeit vorgeführt werden. Ich glaube nicht daran, dass irgendein Buch über mehrfache Mörder, vergangene oder derzeitige, zufällig gelesen von gerade arbeitenden Mördern, den Funken Demut und Menschlichkeit in ihnen entzünden kann, der sie mit dem Menschenschlachten oder der Zerstörung aufhören lässt oder sie ermutigt, sich ihrer Gefangennahme und der daraus folgenden Inhaftierung auszuliefern ... Es kann sein, dass du mit dem oben Erwähnten nicht übereinstimmst. Das ist dein unwiderrufliches Recht, Jaques. Und meine eigene Überzeugung, die ich oben zum Ausdruck gebracht habe, ist nicht unveränderbar oder fixiert. Ich betrachte mich als einen durchschnittlichen Menschen. Jemand mit einer größeren Intelligenz oder Erfahrung kann folglich meine Überzeugung ändern, wenn er einen anderen Blickwinkel ... zum Ausdruck bringt. Du meinst, ich verlange nach dem Puls des Lebens. Es sei dir versichert, Jaques, dass jetzt oder in der Vergangenheit, zum Zeitpunkt meiner Verbrechen, nichts meinen Gedanken ferner lag. Viel lieber wäre ich besser vorbereitet gewesen, meine lebenslange Inhaftierung besser zu überstehen, ohne den Medienrummel, den mein Fall verursacht hat.

Ich frage mich, ob dies solchen Journalisten überhaupt bewusst ist, dass sie mit ihrer Förderung solcher Publicity bei den Familien meiner Opfer schmerzvolle und traurige Erinnerungen an das, was ich ihren Verwandten oder Geliebten angetan habe, erwecken. Nein, Jaques, mein Wunsch wäre es, meine komplette Lebensstrafe vollständig abzubüßen, und dann, wenn ES gestorben ist, dass mein äußerer Leib und meine Person vollständig vergessen werden. Ich möchte am allerwenigsten, dass irgendetwas von meinem Leben in Erinnerung bleibt ...
Vielen Dank und liebe Grüße
Bob.«

Im Gegensatz zu seinem letzten Schreiben erweckt sein Brief den Eindruck eines reuigen Menschen, der sich im Laufe der Zeit in sein Schicksal ergeben hat. Die Zeiten, in denen er gedroht hat, Bedienstete zu töten, scheinen vorbei. Von der Gefängnisleitung erhält man keinerlei Auskünfte. Doch offensichtlich hat sich etwas in ihm verändert. Er träumt nicht mehr von seinen Opfern als das, was sie einmal für ihn waren. Er hält sie nicht mehr für verachtungswürdig. Er findet die Berichte der Presse erschreckend, die über seinen Fall berichten. Er schreibt: »Ich möchte am allerwenigsten, dass irgendetwas von meinem Leben in Erinnerung bleibt ...«
Maudsley macht sich Gedanken über die Angehörigen der Opfer, er will nicht, dass sie durch den Presserummel noch einmal mit dem qualvollen Tod ihrer Angehörigen konfrontiert werden und erneut leiden müssen.
Niemand möchte, dass er sich in der ihm verbleibenden

Zeit mit Filmstars vergleicht, um auf sich aufmerksam zu machen und Vorteile zu erschleichen in einem Leben, das er sich selbst zuzuschreiben hat. Wie hätte man ihn besser auf seine Inhaftierung vorbereiten können, so wie er sich das gewünscht hätte?

Noch einmal erhält er Post, im Januar 2001.
»Dear Bob,
ich danke Ihnen für Ihre schnelle Antwort. Zum Teil verwundert und doch tief beeindruckt habe ich Ihren Brief gelesen. In meinen Büchern werden Menschen wie Sie nicht glorifiziert. Ihre Taten werden nicht als etwas Bewundernswertes oder gar Nachahmenswertes aufgezeichnet. Die Bücher sind auch nicht dazu geeignet, die Familien der Opfer erneut zu quälen. Ich glaube, nein, ich bin fest davon überzeugt, dass diese Angehörigen der Opfer ein Recht darauf haben zu erfahren, wie es den Tätern auch Jahre danach ergeht. Warum ich dieser Überzeugung bin? Nur ein Beispiel: Der größte Kriminalfall in der Geschichte Australiens, der von mir nachgezeichnet wurde, handelt von Ivan Milat, dessen blutige Spur auch nach Deutschland führte. Er tötete u. a. ein junges Mädchen namens Simone. Ihr Vater war es, der mich inständig darum bat, ein Buch über den Täter und über das Leben seiner Tochter zu schreiben. Es war nicht allein meine schriftstellerische Neugierde. Er ließ es sich nicht nehmen, das sehr bewegende Vorwort zu diesem Buch zu verfassen. Bob, glauben Sie wirklich, die Angehörigen eines Opfers könnten je vergessen, was ihnen angetan wurde? Ihre Seele wurde zerstört, wie die ihrer Lieben. Ich habe mich nicht nur mit den Tätern all meiner Bücher unterhalten. Dutzende von Angehörigen der Opfer habe ich aufgesucht und ihr Leid sehen können. Aus all den

Gesprächen habe ich aber auch erfahren, dass sie unbedingt wissen wollen, wie es den Tätern ergeht, die all dies Leid über sie gebracht haben. Immer wieder war ihre Frage: Müssen auch die Täter leiden? Sie schreiben in Ihrem Brief: ›... mein Wunsch wäre es, meine komplette Lebensstrafe vollständig abzubüßen und ... dass mein äußerer Leib und meine Person vollständig vergessen werden ...‹ Lieber Bob, das genügt diesen Menschen nicht. Sie wünschen sich, dass die Tat, die auch an ihnen verübt wurde, gesühnt wird und nie in Vergessenheit gerät. Sie bezeichnen mich in Ihrem Brief öfters als Journalist. Das bin ich nicht. Ich sehe mich als neutralen Berichterstatter. Für beide Seiten. Sensationshascherei wie die von Zeitungsschreibern habe ich nicht nötig. Meine Bücher werden gelesen, weil sie so neutral wie möglich über die Taten berichten. Ob Sie den Artikel der englischen Zeitung gesehen haben, weiß ich nicht. Vermutlich nicht, sonst würde Ihre Einschätzung meiner Arbeit sicher anders ausfallen als in Ihrem Brief. Sie sind überzeugt, dass Bücher über Serientäter keinen zukünftigen Täter von seinen Taten abhalten werden. Da gebe ich Ihnen Recht. Dies kann ich leider mit meinen Büchern nicht erreichen. Aber ich hoffe, dass eine Lebensgeschichte wie die Ihre einige Menschen darüber nachdenken lässt, ob sie ihre Zukunft so erleben wollen, wie Ihre verläuft. Lieber Bob, ich habe mich über Sie mit dem Vater des genannten Opfers von Ivan Milat unterhalten. Sein Rat: ›Nun hat er (er meint Sie) die Möglichkeit, sich nicht feige irgendwann aus dem Leben zu schleichen. Er sollte wenigstens zu seinen Taten stehen. Sicher hat er sich bis heute nicht einmal bei den Angehörigen für seine Taten entschuldigt. Nun hätte er die Chance dazu. Das wäre ehrlich gegenüber den Angehörigen und würde ganz sicher ein wenig dazu beitragen, den steten Schmerz der Angehörigen zu lindern. Er hätte die Möglichkeit sich für seine Taten bei den Angehörigen zu entschuldigen, und wenigstens ein bisschen Reue zu zeigen.‹

Ihre Taten sind durch den Rummel der Medien sowieso auf unzähligen Internetseiten verewigt. Ihr neuerlicher Aufruf an die Medien, in ganz Europa veröffentlicht, spricht eine andere Sprache als Ihr Brief. Ihre Geschichte würde auch ohne mein Zutun niemals ruhen. Dafür ist sie in den Augen der Welt viel zu sehr mit der Fiktion von Hannibal Lecter verknüpft. Wenn Ihr Brief der Wahrheit entspricht, zeigen Sie der Welt Ihr wahres Gesicht. Ich biete Ihnen diese Möglichkeit gerne an. Schreiben Sie das Vorwort zu meinem Buch über Ihr Leben. Das würde Ihnen die Möglichkeit geben, dass Ihr Leben wenigstens in ehrlicher Erinnerung bleibt und Sie nicht als Monster – wie in der Presse beschrieben – in die Geschichte eingehen. Ihre Schreibweise ist außergewöhnlich, offensichtlich wie Sie selbst. Sie verstehen es, mit Geist zu argumentieren. Verwenden Sie diesen Geist, um ein wenig Licht in Ihre Persönlichkeit und Ihre Taten zu bringen. Vielleicht schaffen wir es gemeinsam, manch verwirrten Geist von seinem Handeln abzuhalten – falls Ihnen wirklich daran gelegen sein sollte.

Ihr Jaques.«

Er, Robert John Maudsley (für seine »Freunde« Bob) ist eine arme, bemitleidenswerte Kreatur. Erschreckend, wozu dieser Mann im Stande war und vielleicht noch ist. Er hat viel Zeit, nachzudenken. Er versteht es, die Menschen zu verblüffen mit seiner gewählten Ausdrucksform. Woher nimmt er diesen Geist, die poetischen Worte, mit denen er seine Schreiben verfasst?

Maudsley schreibt, er wünsche sich, seine komplette Strafe abzubüßen. Daran wird ihn niemand hindern, glaubt man dem Beamten der Vollzugsanstalt in Wakefield: »Nie darf man diesen skrupellosen Killer noch einmal auf die Menschheit loslassen. Er würde sofort wieder töten. Er liebt das Töten, deshalb behalten wir ihn hier.«

Warum er sich nicht nur mit der Seele eines Menschen begnügte, sondern auch den Geist eines Menschen in sich aufnehmen wollte, weiß wohl nur er selbst ...

Jaques Buval

Der Rucksackmörder

In den Jahren zwischen 1989 und 1992 verschwanden auf dem Hume Highway zwischen Melbourne und Sydney mehrere junge Rucksacktouristen. Die Jugendlichen, u.a. aus England und Deutschland, hatten sich aufgemacht, den fremden Kontinent Australien auf eigene Faust zu erkunden. 1993 fand man ihre grausam zugerichteten Leichen im Belanglo Forest. Schon bald war den Beamten der eigens gegründeten Task Force klar, dass es sich bei dem Täter nur um einen Serienmörder handeln konnte. Ein Zufall brachte die Beamten auf die Spur des Mörders.
Ivan Milat wurde am 22. Mai 1994 verhaftet und zwei Jahre später wegen siebenfachen Mordes zu lebenslänglicher Haft verurteilt.
Die Beweislast gegen Milat ist erdrückend – und doch behauptet er bis heute, unschuldig zu sein.

Weltbild Buchverlag
© 2000 Weltbild Verlag GmbH, Augsburg
144 Seiten, ISBN 3-89604-519-9, Best.-Nr. 593558

Jaques Buval

Der Kannibalenclan

Im Jahre 1996 kommt es in einer Mietwohnung in Nowokusnezk, einer Stadt im tiefen Sibirien, zu einem Wasserrohrbruch. Als die Nachbarn und der herbeigerufene Klempner die Wohnung der Familie Spesiwtsew betreten, denken sie noch an einen Routinefall. Doch es bietet sich ihnen ein Bild des Schreckens: In der Wohnung liegen die zerstückelten Leichen zweier Mädchen. Ein drittes Mädchen lebt noch, stirbt aber wenig später im Krankenhaus an seinen schweren Verletzungen.

Die polizeilichen Ermittlungen ergeben: Sascha Spesiwtsew ist ein Serienmörder. Jahrelang hat er, unterstützt von seiner Mutter, seine grausigen Taten begangen. Neunzehn Morde an jungen Mädchen gesteht er. Am Ende eines langwierigen und erschütternden Prozesses wird Sascha Spesiwtsew zum Tode verurteilt.

Weltbild Buchverlag
© 2001 Weltbild Verlag GmbH, Augsburg
178 Seiten, ISBN 3-89604-523-7, Best.-Nr. 109 152

Jaques Buval

Nur für Schokolade

Selbst die abstruseste Phantasie kann sich wohl kaum die Gräuel ausmalen, die dieser Mann an seinen Opfern verübt hat. Leszek Pekalski war achtzehn, als er seinen ersten Mord beging. Über 80 Morde hat er zugegeben, hat sich für die Geständnisse beschenken lassen mit Schokolade und Pornoheften, und er hat sie widerrufen. Experten sind sich sicher, vollständig wird die Wahrheit über diesen Mann nie ans Licht kommen. In seinem Buch, das das erbärmliche Leben des mutmaßlich größten Massenmörders unserer Zeit nachzeichnet, geht der Autor auch der schwierigen Frage nach: Wie soll man mit einem Menschen umgehen, für den das Töten – wie Psychologen einschätzen – eine »normale Kontaktaufnahme« zu seiner Umwelt geworden ist?
Der Autor Jaques Buval hat mit Leszek Pekalski sowie mit überlebenden Opfern bzw. Hinterbliebenen ausführliche Gespräche geführt und so das Unerklärbare zu ergründen versucht.

Weltbild Buchverlag
© 2000 Weltbild Verlag GmbH, Augsburg
288 Seiten, ISBN 3-360-00851-0, Best.-Nr. 481465